孔子
儒学与儒家学派

张玉慧 魏 巍 著

图书在版编目（CIP）数据

孔子，儒学与儒家学派 / 张玉慧, 魏巍著. -- 北京：五洲传播出版社, 2022.7
（中国人文标识）
ISBN 978-7-5085-4830-2

Ⅰ.①孔… Ⅱ.①张… ②魏… Ⅲ.①孔丘（前551-前479）—思想评论 Ⅳ.①B222.25

中国版本图书馆CIP数据核字(2022)第095486号

作　　者：	张玉慧　魏　巍
图　　片：	图虫创意/Adobe Stock　视觉中国
出 版 人：	关　宏
责任编辑：	梁　媛
装帧设计：	山谷有鱼　张伯阳

孔子：儒学与儒家学派

出版发行：	五洲传播出版社
地　　址：	北京市海淀区北三环中路31号生产力大楼B座6层
邮　　编：	100088
电　　话：	010-82005927，82007837
网　　址：	www.cicc.org.cn，www.thatsbook.com
印　　刷：	北京中石油彩色印刷有限责任公司
版　　次：	2022年8月第1版第1次印刷
开　　本：	710mm×1000mm　1/16
印　　张：	11.5
字　　数：	180千字
定　　价：	68.00元

序

被尊为儒教始祖的孔子，一生好学且学无常师，乐于育人，开创私人讲学之风，倡导仁、义、礼、智、信，忧国忧民，为实现政治理想与弟子周游列国十四年，晚年修订六经《诗》《书》《礼》《乐》《易》《春秋》。相传，孔子有弟子三千，其中有贤人七十二。后人把孔子及其弟子的言行语录和思想记录下来，整理编辑成儒家经典《论语》。

孔子在文学、史学、哲学以及教育方面的卓越贡献对中华文化起到了巨大且深远的影响，被列为"世界十大文化名人"之首。

儒家思想对中华民族和中国文化的影响很深，奠定了中国社会的公序良俗，也成为中国人行为规范的准则。儒家思想强调个人道德修养的提高，强调家国一体的爱国精神，强调以和为贵、和谐相处的人际交往原则，更包含了对大同社会的美好理想。

儒家思想不仅在中国，在东亚及东南亚地区也占有重要地位。儒学和汉字以及律令一样，很早就传播到周边国家，并对当地社会的思想和文化产生了重要影响。在韩国和日本，伦理和礼仪都受到了儒家仁、义、礼等观点的影响，这种影响一直延续至今。

在韩国，虽然很多人信奉不同宗教，但是伦理道德上却以儒家为主。在日本，儒学成为塑造日本文化的重要元素，深入日本社会的方方面面。儒学对越南文化的影响也很大，一些儒家道德原则、道德信念至今依然影响着越南的社会生活。

中国古代文化对世界文明的贡献，不仅有"四大发明"，还有以"四书""五经"为代表的儒家经典，其中蕴含的思想文化，对人类近代文明有着积极的贡献。明清时期，欧洲的传教士历经千辛万苦，将中国的儒家思想引入17-18世纪的欧洲，在那里形成了近百年的中国文化热，甚至影响了意大利文艺复兴以来所形成的欧洲新思想，成为欧洲近代启蒙思想的一个重要思想渊源。

当今世界，人与自然，人与人，国家与国家之间，和平共处仍是一种美好的愿望。儒学思想中的天人合一的自然观以及儒学核心"仁"倡导的尊重他人、尊重民意、与人为善、利群利他、忧国忧民等精神就更值得世界探讨了。儒学的包容性，主张各民族与各个国家之间的和平共处，其"协和万邦""万国咸宁"的理念是世界各国和睦共处的精神基础，在当今时代更应成为世界各国的共识。

目 录

序   003

第一章　孔子其人   001

   PART 01·圣人异象   003

   PART 02·从"志于学"到"学而不厌"   005

   PART 03·学而优则仕   012

   PART 04·为理想周游列国   023

   PART 05·至圣先师与三千弟子   038

   PART 06·《论语》，儒家经典的诞生   045

第二章　儒学的创立及演变   049

   PART 01·孔孟之道   051

   PART 02·从百家争鸣到独尊儒术   059

   PART 03·儒释道，三教融合   067

   PART 04·宋代理学，儒学发展的最高潮   075

   PART 05·明清儒学，在批判中前行   085

第三章　儒学的传承与发展　　　　　　　　095

- PART 01·近代儒学的曲折发展　　　097
- PART 02·不断兴起的儒学热　　　　103
- PART 03·隆重的祭孔活动　　　　　106
- PART 04·去芜存菁，重读经典　　　111

第四章　中国人身上的儒学观念　　　　115

- PART 01·无处不在的礼仪文化　　　117
- PART 02·外圆内方的处世之道　　　124
- PART 03·中国人的家国情怀　　　　127
- PART 04·中国人的乡土观念　　　　131
- PART 05·天下大同的社会理想　　　137

第五章　走向世界的儒家文化　　　　　　　141

PART 01・儒家文化对亚洲的影响　　　　　143

PART 02・东学西渐——近代西方的中国热　　152

PART 03・四海之内皆兄弟　　　　　　　　160

PART 04・华人华侨的儒学传承　　　　　　166

第一章

孔子其人

孔子,十五志于学,谦虚好学且学无常师。他从基层小吏做起,随鲁君适齐却没受到重用,虽位居鲁国大司寇,却终因执政理念不同而辞官。孔子为实现自己的政治理想带领弟子周游列国十四年,晚年醉心于教育并整理六经,终成一代圣贤。

孔子　儒学与儒家学派

PART 01
圣人异象

孔子（前551—前479年），名丘，字仲尼，祖籍宋国栗邑（今河南省商丘市夏邑县）。据《史记》记载，孔子出生在鲁国昌平乡陬邑（现山东曲阜）。鲁国起初疆域较小，"封土不过百里"，后来陆续吞并了周边一些小国，成为"方百里者五"的大国，是周王朝控制东方的一个重要邦国。

据考证，孔子是商朝"成汤"的后裔。周武王灭商后，为了维护统治，将殷商后代微子启分封到宋国，也就是今天的商丘一带。宋国的第一代君主微子启便是孔子的祖先，只是到孔子这一代，血缘已经很远了。不过，孔子的父亲叔梁纥武艺高强，智勇兼备，还立下过赫赫战功。《左传》中就记载了他的两次功绩。

第一次是公元前563年的偪阳之战中，为了营救因先一步攻入偪阳城遭到伏击的战友，叔梁纥举起厚重的闸门，为战友赢得了撤退的时间，成为当时鲁人心中的大力神。第二次是公元前556年守防邑时，叔梁纥与两名勇士带领三百甲士，趁夜色护送一位鲁国大臣顺利出城，之后又杀回来守城。一往一来，如入无人之境。为此，叔梁纥被委任为陬邑大夫。

叔梁纥虽然前途无限，但也有自己的遗憾，那就是没有一位合格的继承人。叔梁纥最初娶了一位施姓女子为妻，生下了几个女儿。人到中年

※ 传说,孔子出生时,颜氏在房中听到天乐鸣空。

时,因为没有儿子,叔梁纥又娶了一个小妾,终于生了一个叫孟皮的男孩,可惜这个孩子天分不高且有足疾。于是他决定再娶一名女子作继室,这就有了孔子的母亲颜徵在。

《史记·孔子世家》中记载:叔梁纥听说离陬邑不远的颜家有三个女儿,尚未婚配,于是他就托媒人前去说亲。颜父征求三个女儿的意见时,只有小女儿徵在点头答应,颜父就将小女儿许配给了叔梁纥。

公元前551年,孔子出生。也就是这个小小的生命,对中国乃至世界产生了深远的影响。

PART 02
从"志于学"到"学而不厌"

孔子虽是贵族出身,但他的童年并非无忧无虑。

孔子三岁时,父亲就去世了。孔家人口众多,容易产生矛盾。再加上孔父与孔母的结合不符合当时的礼制,于是颜徵在带着孔子从陬邑搬到离颜家不远的曲阜阙里,开始了清贫而艰苦的生活。

为了减轻母亲的负担,孔子很小就帮母亲挑水、打柴、放牧、种田……正因从小就有这方面的生活体验和知识积累,孔子后来才有能力担任季氏族乘田(春秋时鲁国设置,掌管畜牧的小吏)。孔子回忆自己的少年生活时,十分感慨地说:"吾少也贱,故多能鄙事。"

春秋时期的鲁国,作为周礼奠基者周公家族的封地,与西周关系密切。《礼记》记载:"凡四代之服、器、官,鲁兼用之。是故鲁王礼也,天下传之久矣。"也就是说西周朝廷所用的东西鲁国都有,在执行和推广周礼方面,鲁国更是不遗余力。因此,鲁国都城曲阜一直保留着礼乐文化的传统,使其成为当时仅次于东周国都洛邑的礼乐文化中心。

颜徵在是一位伟大的母亲,不仅勤劳善良,还知书达礼,在孔子很小的时候就教他读书认字,鼓励他刻苦学习。孔子从小就非常好学,《史记·孔子世家》中记载:"孔子为儿嬉戏,常陈俎豆,设礼容。"这个俎豆

✕ 孔子五六岁时，常喜欢摆上俎豆等祭祀用品，模仿祭祀的礼仪。

就是古代祭祀所用的一种祭器。当别的小孩还在调皮捣蛋的时候，孔子已经开始学习祭祀的礼仪了。母亲的教育和曲阜浓郁的礼乐文化氛围，对孔子影响巨大。

十五而志于学

虽然孔子从小好学，但是直到十五岁时，才明白学习的真正意义，知道为什么学？学什么？怎样学？这就是《论语·为政篇》中的"子曰：'吾十有五而志于学'"。

孔子主要学习的是"六艺"，即当时贵族教育体系中的六种技能：礼、乐、射、御、书、数。礼主要指的就是礼仪，是古人日常的行为规范，是人与人交流的基本礼仪。乐除指音乐，还包括诗歌和舞蹈，古代的诗歌都是有曲调可以唱出来的。射就是射箭，古代主要以弓箭为主，后期有了弩，增加了射程。御就是驾驭马车的技术。古代的马车分为不同的等级，如天子是六马驾车，诸侯是四马驾车，大夫是四马驾车或有两马驾车，上士是两马驾车。书就是指识字、书法、绘画，还可以引申为写文章。数是计算、数学的技术，解决日常丈量土地、算账收税等实际问题。

因为家境贫困，在学会六艺的相关知识后，孔子无法上贵族学校。但他并没有放弃学习，而且毕生都在坚持自学。在担任基层小吏时，从自己的工作岗位上不断学习相关技能；参加各种祭祀，学习礼仪；虽善古琴知音律，仍虚心拜师学习音乐演奏。事实上，孔子一生参拜过众多名师，其中比较有名的就是师襄、苌弘、老聃（老子）。这也是为什么后世说"仲尼学无常师，此仲尼所以为圣也"。

学琴于师襄

子曰："兴于诗，立于礼，成于乐。"人的修养开始于学《诗》，自立于学礼，完成于学乐。孔子十分崇尚周礼，因为礼乐互通，周礼的推行和"乐"是密不可分的。

孔子不仅爱好音乐，还是小有名气的乐师，30岁时还专门跟随鲁国音乐专家师襄学琴，可谓"生有涯而学无涯"。孔子学琴，锲而不舍。有一次，孔子反复练习一首曲子，十天后师襄说合格了，他却说还没掌握要领，坚持反复练习。终于有一天，他高兴地对师襄说："我已经体会到作曲

× 孔子学琴于师襄

者的心境了,这个作曲者目光深邃,志向远大,有统治四方之才,这个人正是周文王。"师襄非常震惊,佩服孔子的执着和认真,以及对音乐的悟性。

后世关于孔子学乐的故事在《论语》中有过这样的记载:"子与人歌而善,必使反之,而后和之。"

问礼于老聃

相传,公元前523年的某一天,孔子对弟子南宫敬叔说:"周之守藏室史老聃,博古通今,知礼乐之源,明道德之要。今吾欲去周求教,汝愿同去否?"

南宫敬叔欣然同意,随即请示当时鲁国的国君。鲁国国君派了一辆马

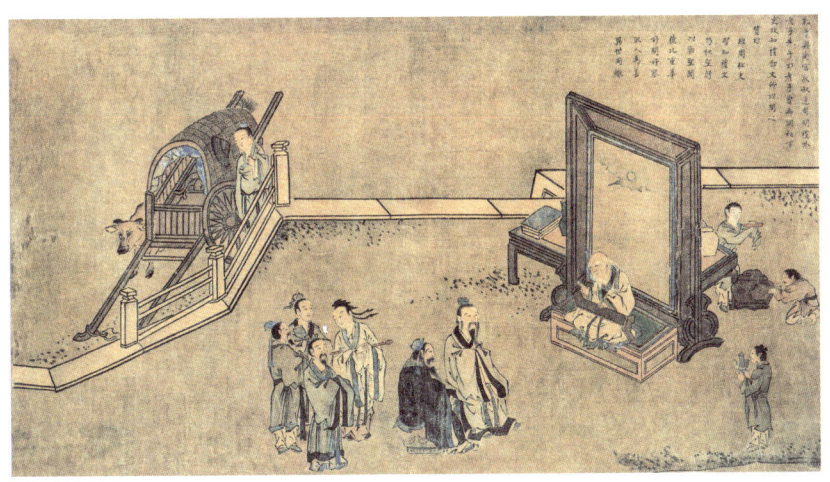

✕ 孔子问礼于老聃

车,一个书童,一个车夫,由南宫敬叔陪孔子长途跋涉一个多月,前往千里之遥的洛邑拜访老聃。

当时,老子任周朝守藏室之史,职位相当于今天国家图书馆或者国家博物馆的馆长,是一位博学的人。初见孔子,老子便被眼前这位谦虚好学的年轻人所感动,热情地接待孔子一行人。随后的一个多月,孔子在守藏室里翻阅各种文化典籍。每当孔子遇到不明白的地方,老子总能为他解答。

此次会面,在中国灿烂的文化史上留下了浓墨重彩的一笔。这就是历史上有名的"孔子问礼于老聃"。

拜乐于苌弘

在洛邑学习期间,孔子除了拜访老子,还向周大夫苌弘请教音乐方面的知识。苌弘知识渊博,精通音律乐理。孔子向苌弘请教韶乐和武乐的区别。苌弘说:"韶乐,乃虞舜太平和谐之乐,曲调优雅宏盛;武乐,乃武王伐纣一统天下之乐,音韵壮阔豪放。韶乐侧重于安泰祥和,礼仪教化;武乐侧重于大乱大治,述功正名。"孔子恍然大悟:"如此看来,武乐,尽美而不尽善;韶乐则尽善尽美啊!"苌弘称赞孔子:"孔大夫的结论也是尽善尽美啊!"

第二年,孔子代表鲁国出使齐国。齐国是韶乐和武乐的正统流传之地。正逢齐王举行盛大的宗庙祭祀,孔子亲临大典,痛快淋漓地聆听了三天韶乐和武乐,进一步印证了苌弘的见解。孔子尤其喜欢韶乐,终日弹琴演唱,如痴如醉:"子在齐闻《韶》,三月不知肉味,曰:'不图为乐之至于斯也。'"

╳ 子在齐闻《韶》,三月不知肉味。

在洛邑的学习对孔子的思想产生了重大影响，也为他以后的教学工作打下基础。孔子勤奋好学，博学多览，主张学以致仕，以礼修身、治国。因此，孔子名声越来越大，社会地位也不断提高。

PART 03
学而优则仕

孔子说:"学而时习之",而出仕是"时习之"的主要途径之一,也就是把自己所学的、所修的东西应用到实践中去。古代的知识分子大都有一个情结,就是从政。孔子在完成相关的学习后,也想要通过从政来实现自己的理想抱负。孔子之所以想从政,一方面与其出身殷商贵族有关。恢复祖上的无上荣光,是孔子从政的最原始的动机,另一方面是因为现实世界的"礼崩乐坏",让孔子渴望恢复周礼,建立太平盛世。

春秋时期,想要从政,就必须进入贵族圈。贵族圈中等级最低的"士",是国君选拔人才的重要来源。然而,因为颜徵在是叔梁纥的继室,加上孔子自小跟随母亲在外生活,不能继承家族的贵族身份。

当时的社会随着分封制的发展,各国公卿掌握了巨大的政治权力。当时在鲁国执掌政权的并非鲁国国君,而是三个世袭的贵族世家:孟氏、叔孙氏、季氏,因皆为鲁桓公之子,合称"三桓"。鲁国公室自宣公起,日益衰弱,国政被逐渐操纵在以季氏为首的"三桓"手中。

有一次,"三桓"之一的孟僖子随鲁昭公出访楚国,因礼仪出错,大出洋相,使得素以"礼乐之邦"自居的鲁国十分难堪。世家之一的季氏大受刺激,决定举行一场盛大的宴会来招待鲁国的贤士,招揽一批通晓礼仪的人才。

孔子听到这个消息后,前往季氏举办的宴会,却被季氏的家臣阳虎拦在门外。阳虎斥退孔子:"季氏飨士,非敢飨子也。"季氏宴请的是士,而在阳虎眼中,孔子不算"士"。这次的挫折让孔子更加刻苦的学习。

初入仕途

孔子成年后,名气越来越大,喜欢"礼贤下士"的季氏想拉拢孔子,于是给孔子安排了一个委吏的小官职。委吏,就是我们今天所说的"仓管"。孔子上任后清点物资,审查项目,秉公办事,工作做得十分不错。

19岁的时候,孔子经人介绍,娶了宋国人丌官氏之女为妻。一年后,丌官氏为孔子生了一个儿子。鲁昭公听到消息后,专门派人送鲤鱼表示祝贺。古代等级制度森严,不同社会阶层之间的生活有很大差别,甚至连饮

✕ 孔子曾做过季孙大夫家的委吏

孔子其人

✕ 孔子20岁时得一子,鲁昭公赐他一尾鲤鱼。为显耀国君赏赐,孔子遂为儿子取名孔鲤,字伯鱼,永志不忘君恩。

✕ 孔子21岁时,任乘田吏,主管范围,负责养牛羊牲畜。

食都有专门的规定。《国语》有云："天子食太牢，牛羊豕三牲俱全，诸侯食牛，卿食羊，大夫食豕，士食鱼炙，庶人食菜。"赐鱼，表明了鲁昭公对孔子身份的承认。孔子便给儿子取名为鲤，字伯鱼。国君的赏识打开了孔子的从政之路。

不久后，季氏又委任了孔子一份更重要的差事——乘田。何谓乘田？"田"不是现代意义上的农田，而是指牧场，乘田就是管理畜牧的小吏。孔子任职期间，牛羊都很健壮，并且繁殖得很快。

这两份工作在当时的人看起来并不高贵，然而对于从事这些卑贱之事的经历，孔子并不忌讳，甚至以自豪的口吻回忆这段经历。不过，这些基层职位无法让孔子实现自己的政治抱负。

孔子适齐

当时的鲁国，由于"三桓"专权，鲁国国君形同虚设。孔子35岁时，鲁国国内发生了几件政治事件，改变了他的生活。第一件是季氏的八佾之舞。八佾舞是由八人一列，共八列，八八六十四人组成的一个方阵来进行舞蹈。这个人数是天子祭太庙所用的。周礼规定，只有天子的乐舞才能用八佾；诸侯，用六佾，就是由四十八人演奏的乐舞；卿、大夫，用四佾；士，用二佾。季氏是鲁国的公卿，按规定只能用四佾舞，但他擅自使用了只有天子才能用的八佾舞，这是一种严重的僭越行为。这件事让孔子十分气愤，他感叹道："八佾舞于庭，是可忍也，孰不可忍也！"

第二件是"斗鸡之变"。鲁昭公二十五年（前517年），操纵着鲁国大权的季氏与另外一个鲁国贵族昭伯,双方在斗鸡赌博时作弊,又都被对方发现引发纠纷。季氏操纵鲁国大权多年,鲁昭公早已对其不满,于是趁此机会,与昭伯一起,联络另一贵族臧昭伯,在同年秋天出兵围困季氏。鲁国的另外两家世卿中的叔孙氏担心唇亡齿寒,派兵救援季氏,而孟孙氏则将前来谈合作的昭伯杀死,起兵造反。最后,鲁昭公大败,被迫逃亡齐国。孔子看到鲁国国内动乱不息,国君远走他国,于是也去了齐国。

孔子适齐,一方面是迫于鲁国的内乱,另一方面也是想借助齐国的力量有所作为,以真正实现自己忠君尊王、施行仁政、安定天下的政治理想。此外,在孔子适齐之前,就曾在鲁国与齐景公有过短暂的交往,双方都留下了较好的印象。

孔子在齐国居住了近两年,与齐景公有过两次著名的谈话。一次,齐景公向孔子问怎样治理国家,孔子回答:"君君、臣臣、父父、子子。"国君要有国君的样子,遵守国君的行为规范,臣民要遵守臣民的行为规范,

✕ 齐景公问政于孔子

父与子都应该遵守各自的行为规范，同时承担起各自的责任，履行好各自的义务。

过了一段时间，齐景公第二次向孔子问政，孔子提出"政在节财"的建议，也就是不要奢侈浪费，要节约财政。

齐景公非常欣赏孔子的才能，计划以尼田作为孔子的封地，并给予孔子稍低于上卿的待遇，却遭到了以晏婴为首的齐大夫的反对。齐景公打消了这个念头，对孔子的态度也逐渐变得冷淡起来。公元前515年，齐国的大夫因忌惮孔子的才华和影响力，想要加害他。孔子听说后向齐景公求救。齐景公却说自己老了，保护不了孔子。孔子只得仓皇逃回鲁国。

私塾第一人

鲁定公六年（前504年），鲁国季氏家臣阳虎擅权。孔子看不惯这种礼崩乐坏的局面，决定退隐，专心修《诗》《书》《礼》《乐》。

春秋战国时期，知识掌握在少数贵族、士族手中，平民百姓是没有受教育的机会的。中国当时的教育"学在官府"，即学术和教育为官方所把持，国家有文字记录的法规、典籍文献以及祭祀典礼的礼器全部掌握在官府，由官员进行解释、制作和收藏。《学记》介绍西周的学制："古之教者，家有塾、党有庠、术有序、国有学。"塾只是乡学中的一种形式，塾的主持人是年老告归的官员，负责在地方推行教化。但无论是哪种形式，当时"学在官府，官师合一"，只有贵族子弟才有资格上学。民间没有条件举行学术活动，更没有学校，要学习专业知识只能去官府。

✕ 孔子退隐修诗书

春秋末年,被贵族垄断的"学在官府"的教育体制走向没落,原本在宫廷专门掌管典籍、身通六艺的士人纷纷流落出走。

退隐后的孔子一边修书,一边开设讲座。他或找一片空地,或坐在一棵大树下讲学,一方面传授知识,另一方面宣传自己的思想。慢慢的,孔子的讲学在平民百姓中树起了口碑,来听课的人也越来越多。

于是,孔子开设私塾,提出"有教无类""因材施教"的教育方针,只要是愿意来学习的,送一束以上干肉做礼物,就能成为他的弟子。针对不同弟子的不同特点,孔子还会予以不同的教学方式。因此,孔子成为中国古代最早开办私学的教育家。由于他"学而不厌,诲人不倦",越来越多的人慕名前来拜他为师。连当时的鲁国大夫孟僖子都把自己的两个儿子送到孔子的私塾来读书。相传,孔子门徒三千,贤者七十二。

私学的兴起在中国教育史上具有划时代的意义。它冲破了西周以来教育为官府垄断的局面,扩大了教育对象。作为专门的教育机构,私学从政治中分离出来，积累了丰富的教育经验，使教育内容与教育方式产生了重大变化，促进了先秦时期教育理论的发展，培养出了一大批卓有建树的教育思想家，是教育制度上一次历史性的大变革。

从中都宰到大司寇

鲁定公九年（前501年），孔子51岁时，从政的机会来了。鲁定公听说阳虎和公山不狃等人都征召过孔子，认为孔子很有才能，可以为国所用，就召见孔子，并让孔子做了中都宰。中都宰，相当于中都的县长。孔子在中都宰的任上，教化民众，业绩十分出众。一年后中都的社会治安达到夜不闭户，路不拾遗。

鲁定公十一年（前499年），孔子升任大司寇。司寇，是管理国家司法

✕ 孔子参与国家大事3个月后，百姓生活安定，国家呈现大治的景象。

方面的最高官员，孔子成为鲁国国相级别的人物。担任大司寇期间，孔子采取礼治德化和政令刑罚并施的方针，以教化为主，绝不滥用私刑，取得了很好的效果，鲁国的刑事案件大幅减少，社会风气大为改观。

鲁定公十年（前500年），齐景公和晏婴想和近邻鲁国等中原诸侯联合起来，共同对抗南方吴国的威胁，以图恢复齐桓公的霸业，于是写信给鲁定公，约其在齐鲁交界的夹谷会盟。孔子当时任鲁国的大司寇，也在随行之列。

双方会面时，齐国安排人伺机挟持鲁定公以胁迫鲁国，被孔子领兵击退，并斥责齐景公居心叵测，让齐景公哑口无言，只得向鲁定公道歉。第二天，正式签订盟约时，齐国又在盟书上加了一条："一旦齐国军队出境作战，鲁国如果不派三百辆兵车跟随我们，就按此盟誓惩罚。"几乎就是把鲁国当做自己的附庸国。齐景公的解释是："两国既然结盟，就当相助。"

鲁弱齐强，鲁定公很难拒绝。孔子便对齐景公说："既然两国修好，签

✕ 夹谷会盟

× 夹谷会盟之后,齐景公将过去侵占鲁国的田地送还鲁国。

订盟约,那么齐国也应该归还之前侵占的我们汶水北岸的土地。"齐景公只得被迫同意。

夹谷之盟得益于孔子的机智,使鲁国即使在敌强我弱的情况下,不仅没有吃亏,反而收回了被齐国侵占多年的汶阳等3处土地,大扬了鲁国国威,也让孔子声名远扬。鲁定公随后任命孔子为小司空,辅助大司空主管鲁国的工程建设。

堕三都:一场失败的"拆迁运动"

孔子54岁时,鲁定公为了削弱鲁国三大权臣"三桓"的势力,让孔子主持"堕三都"。所谓的三都,是指季孙氏的费邑(在今山东费县西北)、孟孙氏的郕邑（在今山东宁阳东北）、叔孙氏的郈邑（在今山东东平东南）。当时的鲁国，虽由季孙氏、叔孙氏、孟孙氏掌管朝政，但阳虎、公山不狃却掌握了季孙氏的权柄。这些家宰控制了"三桓"封地的税收、徭役和武装力量，为了防止家主发现他们在封地的横征暴敛和穷奢极欲，将三地的城墙越修越高。当初周公制礼作乐，对各国诸侯、大夫封地围墙的高度都有明确的规定。这三地的城墙严重违背周公制定的礼制。孔子主张拆毁这三座重要城市的城墙。但是鲁国国君实力太弱，根本没有太多话语权，加上孟孙氏的反对，"堕三都"最终半途而废。

孔子在鲁国从政，离不开掌握鲁国大权的"三桓"的支持。在"堕三都"之前，孔子与季氏关系融洽。"堕三都"后，"三桓"逐渐冷落并开始排挤孔子。鲁定公则日益沉溺玩乐，怠惰于国事，不再重用孔子。

孔子所秉持的施政理念在实际推行过程中被碰得头破血流，55岁的孔子于是"弃政从学"，开始周游列国。

✕ 55岁的孔子开始周游列国

PART 04
为理想周游列国

公元前497年至公元前484年,孔子带着弟子开始了14年的游历生涯。周游列国,一路宣扬自己的思想与理想,并没有让孔子实现他的理想抱负,反而四处碰壁。但孔子的游历还是在各国引发了轰动,在中国历史上留下了许多精彩的故事,也成为孔子一生中最为艰难也最为精彩的阶段。

初入卫国

孔子选择卫国作为游历的第一站。一是因为卫国与鲁国接壤,关系密切。二是因为卫国是周文王嫡子的封地,是姬姓诸侯。孔子曾说:"鲁卫之政,兄弟也。"三是因为孔子的弟子子路有亲戚在卫国,可以给予孔子一行人适当的照顾。

卫国在黄河一带,社会稳定,沃野千里,除农业外,商业也十分发达。刚到卫国的孔子师徒,看到卫国都城人口众多,一派欣欣向荣的景象,不禁感叹道:"庶矣哉!"

× 明《圣迹图》

× 孔子临河叹息

这时的孔子声望很高,又因曾做过鲁国的大司寇,卫灵公刚开始对孔子礼遇有加。没过多久,因有人说孔子的坏话,卫灵公对孔子起了疑心,不仅派手下监视孔子,还逐渐疏远了他,没有给他实质性的职位。

在卫国没有用武之地,孔子准备去当时的大国晋国。没想到刚走到黄河边上,就得知晋国的大夫赵鞅杀害了两位有功之臣,孔子临河叹息"君子讳伤其类",便返归卫国。

第二次返回卫国后,孔子得到了卫灵公的礼遇,也见到了卫灵公的夫人南子。

孔子见南子

卫灵公的夫人南子,《左传》对其有六字评价:"简言之,美而淫。"南子与宋国公子朝有私情,还仗着卫灵公的宠爱干涉卫国朝政。卫国的太子蒯聩曾欲杀她却没有成功,反而被她逼着逃亡他国。孔子游访到卫国,受到了国君的礼遇,身为国君夫人的南子因仰慕孔子,邀请他相会。

南子派人对孔子说:"各地有君子德行,想和我们君上建立兄弟般友好关系的人,必定来会见我们夫人,我们夫人愿意见你。"孔子本来不愿与她会面,但南子掌握着实权,不能得罪,孔子推辞不得,最终还是去了。

《史记》中对这一段有详细的记载:"夫人在絺帷中。孔子入门,北面稽首。夫人自帷中再拜,环佩玉声璆然。孔子曰:'吾乡为弗见,见之礼答焉。'"南子坐在帷帐里,孔子进门后,面北跪拜行礼。南子在帷帐中跪拜回礼,从帷帐中传出环佩玉饰碰撞发出的清脆声响。

✕ 卫灵公与南子出游

孔子与南子的这次见面实际上只是隔着帘子说了几句话，行了几个礼而已，整个过程是符合当时的礼制的。然而这件事却引起子路的不满。他很讨厌南子的品行，不希望孔子借助南子这样的宫闱女子步入仕途。

孔子说："我本意是十分不愿意见的，现在迫不得已，但就算是见也要以礼相待。若是我做了什么不对的事，连上天都要来厌弃我。"（孔子矢之曰："予所否者，天厌之！天厌之！"《论语·雍也》）

在卫国没待多久，有一次，卫灵公与南子同车出行，宦官雍渠陪待左右，孔子被安排坐在第二辆车上跟从，"招摇市过之"，百姓围观，这让孔子十分难堪。

孔子明白，卫灵公和南子只是想利用自己的名声来掩盖荒淫的朝政，并不是真正需要他的辅佐，于是又一次离开卫国，前往陈国。

匡地被围

陈国是一个小国，位于现在的河南省东部。在去陈国的途上，路过匡这个地方时，孔子一行人突然被当地人团团围住。原来，鲁国权臣阳虎曾在匡做过官，期间罔顾法度、横征赋税，虐待百姓，因此匡的百姓十分痛恨他。孔子的长相和阳虎有些相似，匡人将孔子误认为阳虎。

众弟子们见匡人来者不善，都非常害怕。但孔子却十分镇定，长叹一声："周文王死了以后，周代的礼乐文化不都体现在我身上了吗？上天如果想要让这种文化灭亡，那我就不可能掌握这种文化；上天如果不想让这种文化灭亡，那么，区区匡人又能把我怎么样呢？"（"子畏于匡,曰："文王既

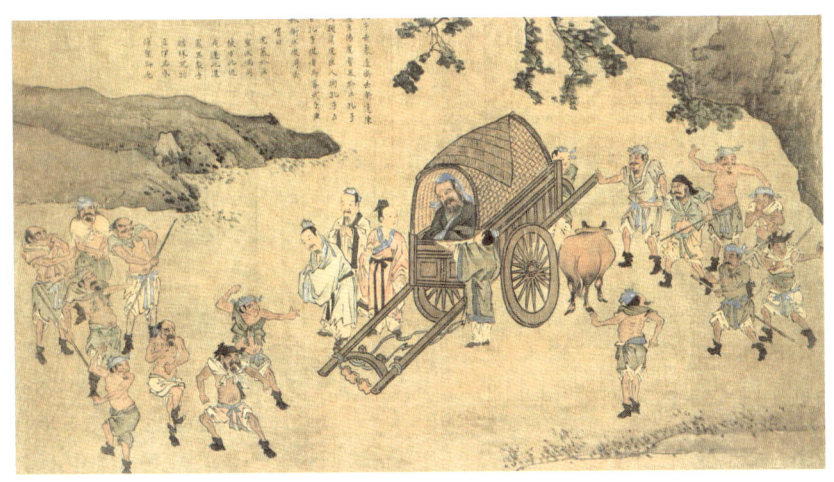

匡地被围

没,文不在兹乎?天之将丧斯文也,后死者不得与于斯文也;天之未丧斯文也,匡人其如予何!"《论语·子罕》)

说罢,孔子横琴于膝上,一边弄弦,一边放声高歌。众弟子们见孔子毫无惧色,也逐渐镇定下来,与孔子一起吟唱。就这样过了五天,孔子一行人的粮食所剩不多。最后还是卫国贵族宁武子解救了他们。脱险后,孔子一行人经蒲地再次返回卫国。

卫灵公听说孔子回来了,特地到郊外去迎接,给了孔子极高的礼遇。但是,孔子只在卫国住了一段时间,中间还回了一趟老家陬邑。

孔子从老家返回卫国后,卫灵公问孔子如何排兵布阵,孔子说:"礼仪规定的事我倒是知道,至于军事我却闻所未闻。"("俎豆之事,则尝闻之矣;军旅之事,未之学也。"《论语·卫灵公》)这话其实是在讽刺卫灵公不内修朝政,却整天想着对外扩张。两人不欢而散。

大约公元前492年,孔子第四次离开卫国,经曹国,前往陈国。

✕ 孔子离开卫国

丧家犬一般的旅程

孔子一行的路途并不平坦。他们经过曹国，曹国并没有接待。路过宋国，非但没有受到接待，还遭遇了恐吓、威胁。宋国的司马桓魋因之前曾被孔子严厉批评过，一直怀恨在心。当孔子与一众弟子途经宋国，在一棵大树下学习礼仪时，桓魋派人将大树砍倒以示警告。孔子一行人不得不匆匆离开宋国，一路向西，来到郑国。

人生地不熟的孔子还没进城门，就与弟子们走散了，只能一个人静静地站在外城的东门等弟子们来找他。弟子们发现老师不见了，四处寻找。子贡询问路人有没有见过孔子时，一个郑国人对他说：东门有个人，额头像唐尧，脖子像皋陶，肩膀像郑子产，可是从腰部以下比禹短了三寸，一副狼狈不堪的样子，"累累若丧家之狗"。子贡一听，这不正是孔子吗，便匆匆赶往东门。找到孔子后，子贡将这段话如实地告诉了孔子，孔子非但没

✕ 孔子同弟子在一棵大树下学习礼仪，宋国司马派人将大树砍倒以示警告。

有生气，反而高兴地说："他形容我的相貌，不一定对，但说我像条丧家狗，对极了！对极了！"（"形状，末也。而谓似丧家之狗，然哉！然哉！"）

因在郑国无人接待，于是孔子带领弟子们直奔陈国。孔子师徒在陈国住了大约三年，虽然陈湣公多次与孔子交谈，但谈话内容大都是一些周朝初年的奇闻轶事，与朝政无关，至少《论语》中没有陈湣公问政孔子的记载。

鲁哀公六年（前489年），吴国侵略陈国，陈国政局混乱，孔子一行人不得不离开。楚国派兵救援陈国，听闻孔子在陈国，楚叶公便派人请他去楚国。没想到，走到陈国和蔡国的交界处时，孔子一行人碰上战乱，困于荒野，缺衣少粮，很多弟子因此还生了病。后来还是子贡前往楚国，请楚国派兵前来相救，才得以脱困。

孔子到楚国后，楚昭王想把书社之地七百里赐封给他。楚国的令尹

✕ 孔子一行人在陈国时,遇上战乱,被困于荒野,缺衣少粮。

✕ 孔子来到楚国

（官名）子西认为孔子有贤弟子相助，再有了封地，将不利于楚国。楚昭王于是打消了赐封孔子的念头，也不敢再重用他。于是孔子从楚国又一次返回卫国。

这时，卫灵公已经去世，卫国时局混乱。原本的王位继承人蒯聩远在晋国，现任国君卫出公是蒯聩的儿子。卫出公一直想方设法，阻挠自己的父亲回来与自己争夺王位。而蒯聩得到晋国的支持，想要夺回原本属于自己的王位。对于卫国的混乱局面，孔子看得很清楚。

子路问孔子："卫君待子而为政，子将奚先？"如果卫君现在想要重用孔子，孔子首先应该怎么做？孔子毫不犹豫地回答说："当然是要纠正名分大事。"（"夫名不正则言不顺，言不顺则事不成，事不成则礼乐不兴，礼乐不兴则刑罚不中，刑罚不中则民无所措手足矣。夫君子为之必可名，言之必可行。君子于其言，无所苟而已矣。"《论语·子路》）

鲁哀公十一年（前484年），卫国大夫孔文子想要攻打太叔疾，出征前

✕ 鲁国执政大夫季康子派人携带礼物请孔子回国。孔子归国，结束了14年周游列国的生活。

来询问孔子的意见。孔子推托不知。这件事过后,孔子决意离开卫国:"鸟则择木,木岂能择鸟?"飞鸟可以选择栖木,哪有反过来的道理!

正好此时,鲁国执政的大夫季康子派人携带礼物前往卫国,盛邀孔子回国。多年在外游历的经历让孔子的思乡之情越来越浓,于是结束了14年周游列国的生活,返回鲁国。途经泰山时,孔子登高望远,不禁感慨万千,作《丘陵歌》。

> 登彼邱陵,峛崺其阪。
> 仁道在迩,求之若远。
> 遂迷不复,自婴屯蹇。
> 喟然回顾,梁甫回连。
> 枳棘充路,陟之无缘。
> 将伐无柯,患滋蔓延。
> 惟以永叹,涕霣潺湲。

季康子之所以请孔子回来,其实是因为他想要加税。当时的鲁国尊吴国为霸主,每年要向吴国上贡大量钱财,不加税的话,鲁国根本拿不出来。季康子想要借助孔子的名声,为自己的加税行为"正名",可孔子说什么也不答应,两人就此闹掰。

整理"六经"

从政无望,孔子于是把所有精力都投入教书育人和整理古籍当中,于

× 孔子带领弟子整理古籍，删述六经。

是产生了后人奉为经典的"六经"：《诗经》、《书经》(即《尚书》)、《仪礼》、《易经》(即《周易》)、《乐经》、《春秋》。由于《乐经》已经失传，所以通常称为"五经"。

《周易》是群经之首，是一部博大精深的哲学著作，也是中国哲学的源头。"易"字有多种含义，一是变化；二是"简易"；三是"不变"。《易经》是中国古人对人生经验和自然现象的积累与记载，很多现代的科学现象都和书中的理论相符合，因此很多现代人依然相信其中的道理。

《诗》即《诗经》，是我国历史上第一部诗歌总集，它收集了从西周初年到春秋中叶五百年的诗歌305篇。这些诗歌的来源大致有二：一是王室派"行人"到民间"采诗"，也就是民歌，即"风"的部分。二是公卿大夫给周天子的"献诗"，以及王室的祭歌和颂歌，也就是"雅""颂"的部分。《诗经》最初在先秦被称为"诗"或"诗三百"。由于《诗经》既能反映民情民意，又能真实反映上层贵族和皇室的礼仪制度，文本或活泼或古朴，音乐形式多样，所以孔子非常重视它，把诗歌教育放在十分突出的位置。到了汉代，一些学者把它奉为经典，称之为《诗经》。

《书》又称《尚书》，是中国第一部上古历史文件和部分追述古代事迹著作的汇编。"尚"字也有多种解释：一是"上古"的意思；二是"崇尚"的意思；三是"君上"的意思。《尚书》从内容上可分为祭祀类和战争类两类，即所谓"古之大事，惟祀与戎"。这也足以反映出政治、战争和祭祀在当时人们心中所占的重要位置。书中也不乏一些对于政治与战争的真知灼见，比如"克明俊德，以亲九族。九族既睦，平章百姓。百姓昭明，协和万邦"等，这些观点历经几千年时光的洗礼，反而更加体现了古人的智慧。

《礼》又称《周礼》。所谓礼，是天子、诸侯、大夫等贵族们必须遵循的一套严格的带有等级特征的制度要求，涉及爵位、谥法、官制和吉、凶等内容。

《春秋》是我国古代史类文学作品。由于其记载史事的语言非常简练，所以后人必须对此进行解释、补充和阐发，于是出现了为《春秋》作注的"传"，代表作品被称为"春秋三传"，即《左传》《公羊传》《谷梁传》。《春秋》中几乎每一个简练的句子又暗含褒贬之意，对各种违背礼制的行为进行讽刺和批判，于是就有了被后人称为"春秋笔法""微言大义"的著史风格。

经孔子整理后的"六经"全面地继承了上古以来的传统文化，在中国文化史上起到了承上启下的作用。

公元前479年，孔子去世，享年73岁。为了纪念孔子，人们每年都会祭祀孔子。孔子故居后来被改做孔庙，保存着孔子生前使用过的衣、冠、琴、车、书，供百姓祭奠。祭祀孔子的活动，至今已传承2000多年。

著名的国学大师钱穆评价孔子："孔子为中国历史上第一大圣人。在孔子以前，中国历史文化当已有两千五百年以上之积累，而孔子集其大成。在孔子之后，中国历史文化又复有两千五百年以上之演进，而孔子开其新统。在此五千多年，中国历史进程之指示，中国文化理想之建立，具有最深影响最大贡献者，殆无人堪与孔子相比伦。"

PART 05
至圣先师与三千弟子

大约30岁时,孔子决定授徒施教,此后一生中的绝大部分时间,孔子都在从事传道授业解惑的教育工作。孔子用当时最先进的方式教学,其弟子桃李满天下。

司马迁在《史记》中记载孔门有"弟子三千,身通六艺者七十二"。所谓门徒三千,虽然有点夸张,但足以看出孔子招收弟子之多。而孔门"七十二贤人"实际上就是熟练掌握"六艺"的通才。

通过司马迁的《仲尼弟子列传》可以看出,孔子的学生有人从政,做了高官;有人经商,发了大财;有人治学,成了名闻诸侯的大学者乃至帝王师。正因为培养出了众多才华横溢的弟子,孔子才成为中国历史上最伟大的教育家。孔子的学术思想也因众多高徒不遗余力地传播得以发扬光大、影响深远。鲍鹏山在《孔子是怎样炼成的》一书中写道:"孔子的一生,离不开他的弟子,孔子的光辉,沐浴着弟子,而弟子的风采,也衬托着孔子。"

孔门十哲

在孔子的学生中,除了三千弟子、七十二贤,还有著名的"孔门十哲"。孔门十哲,就是孔子的十大弟子。《论语·先进》中记载,孔子曾列举了十位弟子的修养和成就,这十个人被后人称为"孔门十哲":德行优秀的颜渊、闵子骞、冉伯牛、仲弓;擅长辞令的宰我、子贡;通晓政事的冉有、季路;精通制度文献的子游、子夏。

颜渊,姓颜名回,字子渊,鲁国人,因敏而好学,能闻一知十,注重仁德修养,深得孔子欣赏和喜爱。孔子赞曰:"贤哉回也!一箪食,一瓢饮,在陋巷,人不堪其忧,回也不改其乐。""有颜回者好学,不迁怒,不贰过。"在众多弟子中,颜回最能理解孔子,一生追随,不离左右,视师若父。他评价孔子说:"仰之弥高,钻之弥深。"颜回29岁头发尽白,41岁英年早逝,孔子哭之极恸,痛如丧子,悲呼:"天丧我矣!天丧我矣!"

子骞,姓闵名损,字子骞,鲁国人,以德行著称。孔子特别表彰他的孝行,说他孝顺父母,友爱兄弟。闵损幼时遭后母虐待,其父怒而欲将继室赶走,闵损反为后母求情,世人都称赞他孝顺,后世二十四孝故事中亦彰其孝行。闵损守身自爱,"不仕大夫,不贪污君之禄",品格高尚。

冉伯牛,姓冉名耕,字伯牛,鲁国人,为人端正,善于待人接物,因恶疾早逝。冉耕患病之时,孔子前去探望,执其手而叹:"亡之,命矣夫!斯人也而有斯疾也!斯人也而有斯疾也!"悲痛惋惜之情溢于言表。

仲弓,姓冉名雍,字仲弓,鲁国人。冉雍气量宽宏,沉默厚重,深得孔子的器重。孔子认为冉雍具有人君的容度,可以做地方长官。孔子临终时在弟子们面前夸奖他说:"贤哉雍也,过人远也。"

宰我,姓宰名予,字子我,鲁国人,口齿伶俐,能说善辩,常与孔子

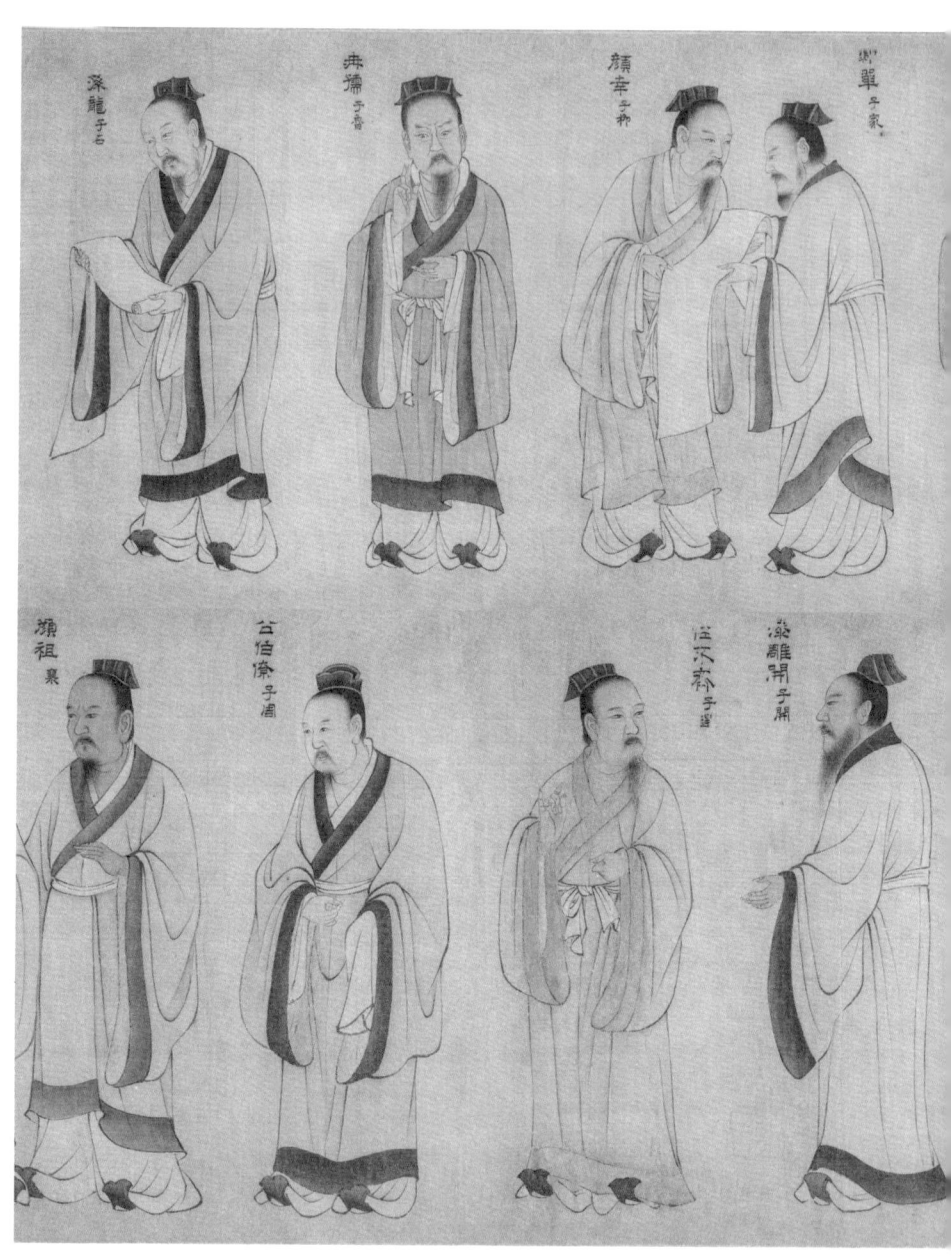

孔子弟子画像

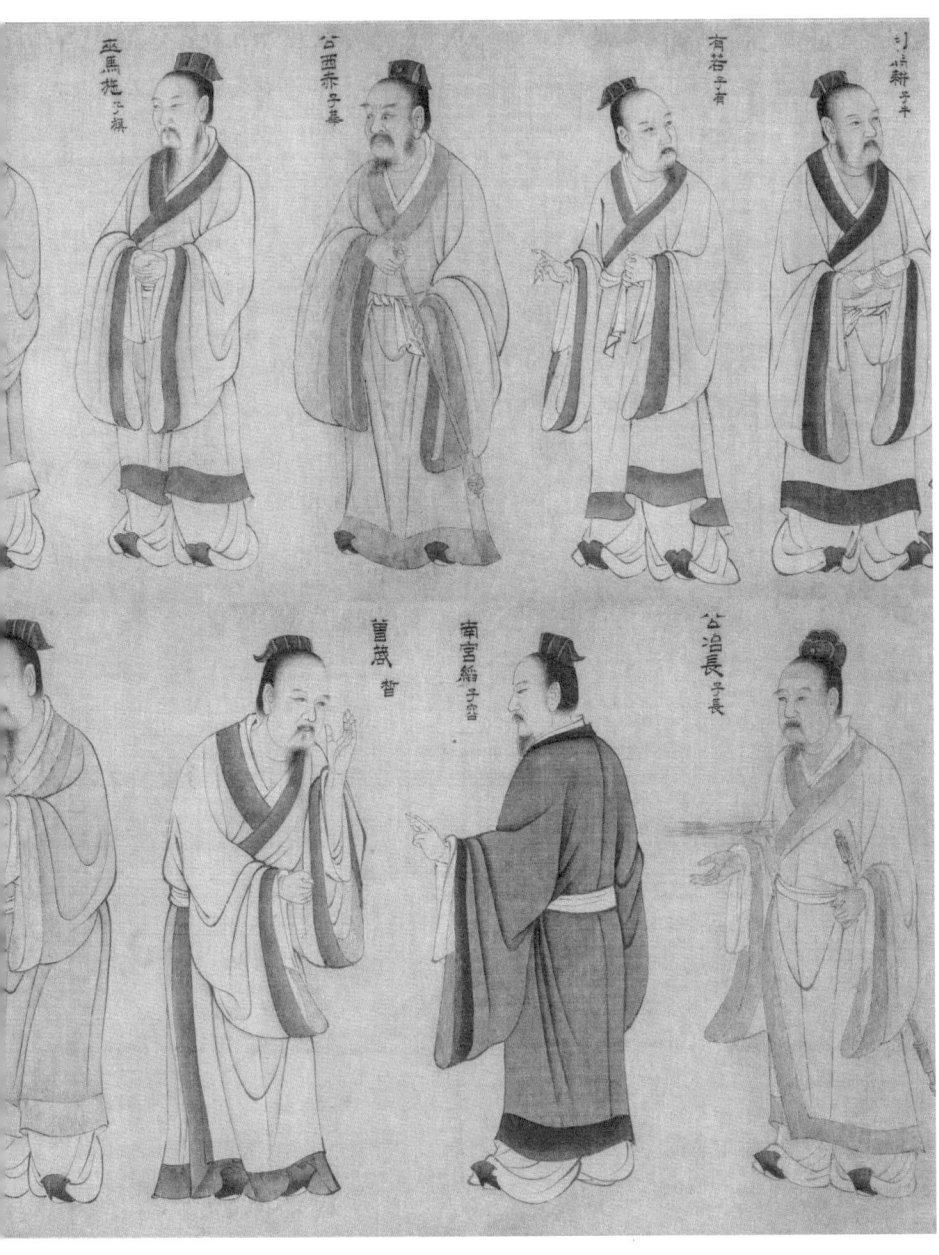

孔子其人 —— 041

讨论问题，有独到的见解，是孔门弟子中唯一敢正面对孔子学说提出异议的人。也曾因白天睡觉而被骂："朽木不可雕也。"虽然孔子对宰予颇多不满，但仍毫不迟疑地将其列为自己最得意的弟子之一。

子贡，姓端木名赐，字子贡，卫国人。子贡生就异相，山庭斗口，仪表不凡，天性至孝，资禀颖慧，最擅搞外交活动，曾在齐、吴、越、晋诸国间游说，使吴国攻齐，从而保全了鲁国。子贡还擅于经商，家境非常富有，是春秋时期著名的富商。孔子对子贡评价颇高，说他是"瑚琏。""子贡问曰：'赐也何如？'子曰：'女器也。'曰：'何器也？'曰：'瑚琏也。'"（《论语·公冶长》）孔子死后，子贡守墓六年，师生之情胜过父子。

冉有，姓冉名求，字子有，鲁国人，与冉耕、冉雍同宗，皆在孔门十哲之列，世称"一门三贤"，又称"三冉"。青年时期曾做过季氏家臣，后

✕ 孔子评价子贡为"瑚琏之器"。瑚琏是古代祭祀时盛黍稷的尊贵器皿。"瑚琏之器"就是比喻一个人特别有才能，可担大任。

随孔子周游列国。冉求是孔门弟子中最多才多艺的，不但精通六艺，还长于政事，深沉谦退，孔子称赞他"千室之邑，百乘之家，可使为之宰也"。

季路，姓仲名由，字子路，曾为季氏的家臣，鲁国人。子路出身寒微，幼至孝，百里负米养亲，是历史上二十四孝子之一。他生性豪爽，为人耿直，深具豪侠之气。据说，自从子路追随孔子左右，无人敢再欺慢孔子，孔子说："自吾得由，恶言不闻于耳。"孔子周游列国期间，子路屡次救孔子于危难之中。

子游，姓言名偃，字子游，吴国人，是孔门中唯一的南方弟子，被称为"北学中国，南方一人"。他曾在鲁国做官，出任武城的邑宰，因极力推行礼乐教化，为孔子所赞。孔子曾说："吾门有偃，吾道其南。"（我门下有了言偃，我的学说才得以在南方传播。）所以，言偃又被誉"南方夫子"。

子夏，姓卜名商，字子夏，卫国人，以文学著名，与孔子论《诗》，孔子称赞道："商始可与言《诗》已矣。"

杰出的教育理念

孔子办私学，主张"有教无类"，招收学生不像官学那样讲究身份、门第，"自行束脩以上，吾未尝无诲焉"。不分国籍，不问出身，不分贫富老幼，只要本人愿意来学习，一律接收。孔子私学在教育实践中积累了许多教育理论和经验。

如讨论学习方法的有："学而时习之，不亦说乎？"（学习又时常温习，不是很愉快吗？）"温故而知新，可以为师矣。"（温习学过的知识，从而获得新的理解与体会，凭借这点可以做别人的老师了。)"学而不思则罔，思而不学则殆。"(只学习却不思考，就会感到迷茫而无所适从；光是思考但不学习，就是有害的。)强调学习要和思考相结合，阐明了"学"与"思"的辩证关系。

讨论学习态度的有："由，诲汝知之乎！知之为知之，不知为不知，是知也。"(仲由啊，让我教给你对待知与不知的态度吧！知道就是知道，不知道就是不知道，这样的人才是聪明的。)"见贤思齐焉，见不贤而内自省也。"(看见德才兼备的人就想着像他一样好；看见不贤德的人就要反省自己，看看自己有没有和他一样的毛病。)"三人行，必有我师焉。择其善者而从之，其不善者而改之。"(几个人走在一起，在其中必定有值得我去学习的人。选择他们的优点来学习，如果看到自己也有和他们一样的缺点，要及时改正。)

孔子的有教无类、因材施教、循循善诱、学思结合、以身作则、立志乐道、自省自克、举一反三、温故知新、循序渐进、知之为知之、学以致用等教育理念，对我国古代教育思想的发展产生了重大影响。之后的孟子私学、荀子私学等，都继承和发展了孔子的教育学说。后人称他为"万世师表"可谓实至名归。

PART 06
《论语》，儒家经典的诞生

早在春秋后期孔子设坛讲学时期，《论语》的主体内容就已开始形成；孔子去世以后，他的弟子和再传弟子传授他的言论，并逐渐将这些口头记诵的语录言行记录下来，因此称为"论"；《论语》主要记载孔子及其弟子的言行，因此称为"语"。《论语》出自众人之手，现存20篇492章，其中记录孔子与弟子及时人谈论之语约444章，记录孔门弟子相互谈论之语48章。

作为一部以记言为主的语录体散文集，《论语》主要以语录和对话文体的形式记录了孔子及其弟子的言行，《论语》中有许多言简意赅、富于哲理性与启示性的语句，北宋程子曰称赞说："孔子言语句句是自然"。《论语》中的许多语句后来都成为成语、格言流传于世。如举一反三；任重道远；仁人志士；三人行，必有我师；工欲善其事，必先利其器；己所不欲，勿施于人……此外，《论语》大量运用对偶排比等修辞手法，对中国文学发展史产生了极大影响。

《论语》作为儒家最重要的经典之一，涉及政治、教育、文学、哲学以及立身处世的道理等内容，其核心思想是"仁"和"礼"。孔子明确提出："仁者，爱人"。在孔子看来"仁"是一个人应该具备的最基本的品德，只有仁德的人，才能做到客观公正，喜欢真正的善人，憎恨真正的恶人。"仁"虽然高尚，但并不难做到。"仁远乎哉？我欲仁，斯仁至矣！"只要一

※ 唐开成石经儒家"四书五经"（清代拓印本）

心追求仁德，仁德自然就具备了。

《论语》中记载了众弟子向孔子请教如何培养仁德的问题，孔子在回答弟子们的提问时谈了很多具体的方法。颜渊向孔子询问什么是"仁"，孔子回答颜渊：克制自己，一切都照着礼的要求去做，这就是"仁"。一旦这样做了，天下的一切就都归于仁了。实行仁德，完全在于自己。（"克己复礼为仁。一日克己复礼，天下归仁焉。为仁由己，而由人乎哉？"《论语·颜渊》）

仲弓问孔子如何处世才能合乎仁道，孔子回答仲弓：出门办事要如同去接待贵宾一样慎重，使唤百姓要如同举办重大的祭祀一样严肃。事无大小，都要认真对待。自己不喜欢的事不要强加给别人。如此在朝中做事就不会招致怨恨，在私下的交往中也不会招致怨恨。（"出门如见大宾，使民如承大祭。己所不欲，勿施于人。在邦无怨，在家无怨。"）

当子贡问孔子，一个博有腾达，且乐善好施之人，可称为"仁"吗？孔子回答：这样的人岂止是仁，是圣啊！一个仁爱之人，首先是自己站得稳，然后看到别人摔倒的时候也愿意扶一把，首先自己足够腾达，然后也愿意周济身边的人。能够在做好自己的同时，还去帮助别人，这就是通往仁的途径。（"夫仁者，己欲立而立人，己欲达而达人，能近取譬，可谓仁之方也已。"《论语·雍也》）

在《论语》中,孔子反复强调"礼"对于一个人在社会上安身立命的重要性。《论语·季氏》记载了孔子教育其子孔鲤:"不学礼,无以立。"在孔子看来,"礼"是人生在世的根本,不学礼、不知礼,就难以在世上安身立命。

自汉武帝"罢黜百家,独尊儒术"之后,儒学地位提升,《论语》成为研究孔子及儒家思想的第一手资料,也被称为"五经之錧辖,六艺之喉衿"。《论语》在唐代被列入经书。北宋政治家赵普(922-992年)曾有"半部《论语》治天下"之说。这从一个侧面反映出此书在中国古代社会所发挥的巨大作用与影响。南宋时,朱熹(1130-1200年)将《大学》《中庸》《论语》《孟子》合为"四书",使之在儒家经典中的地位日益提高。元代延祐年间(1314-1320年),科举开始以"四书"开科取士。此后一直到清朝末年推行洋务运动,废除科举之前,《论语》一直是学子士人推施奉行的金科玉律。

可以说,《论语》是中国文化中价位最高的一部典籍。

✕ 《论语》(朱熹集注南宋版)

第二章

儒学的创立及演变

自孔子创立儒家学说,儒家的命运便和中国历代王朝的兴衰、政治形势的发展和百姓的日常生活联系在了一起。自汉武帝实行"罢黜百家、独尊儒术"的政策后,儒家思想便成为两千多年来中国文化的正统思想,对中国历史的发展、中国人价值观的塑造都有着重大而深刻的影响。

孔子　儒学与儒家学派

PART 01
孔孟之道

孔子是儒家思想的创始人，而孟子作为孔子最重要的弘扬者和继承者，大力传播儒学，发扬孔子之道，因此儒家思想又被后世称为"孔孟之道"。

"孔孟"一词，作为固定称谓，最早见于东汉马融的《长笛赋》，"孔孟之道"最早见于《二程集》。孔孟之道的核心内容通常被概括为"仁义礼智信"（"五常"）。孔子收徒施教，整理六经，创立儒家学派，目的是推崇周朝的一整套礼仪制度，因此，礼制的核心思想——"仁"和"礼"就成为儒家学说的两大支柱。

儒家学说强调仁爱之心、注重培养人的浩然正气，强调人际关系和道德伦理的重要性，颂扬道德自觉、人格高尚的君子之风。这些内容已经成为身为每个中国人内化于心、外化于行的明显特征，也是每一位中国人在日常生活中绕不开、躲不过的道德修养规训。

何谓"儒"？

关于"儒"字的释义，学界有不同的解读，其中最为大众所接受的观点是："儒"是一种称谓，代表着一种身份。据《汉书·艺文志》引汉代学者刘歆的《别录》中说，在商朝时已有主持婚丧礼仪的类似司仪的祭官，这些人就是早期的儒。他们精通当地的风俗文化与礼仪习惯，是中国早期的知识分子。

孔子曾说："吾与史、巫同途而殊归也。"可见儒是从巫师演化而来的。但自孔子开始，"儒"逐渐脱离了巫师的范围，不同于沟通神鬼的术士，而是"求其德已"。

刘歆就认为，儒便是"游文于'六经'之中，留意于仁义之际，祖述尧舜，宪章文武，宗师仲尼，以重其言，以道为高"的人。

何为"礼"

孔子提倡"仁"和"礼"的目的就是要在当时礼崩乐坏的"春秋"时期，恢复周礼的有效性，让社会不再动荡，不再出现"逾制""非礼"的现象，让君臣、夫妻、父子、兄弟等群体在礼制的约束下，各守本分、尊卑有别，恢复以往在周礼制度下和谐有序的社会局面。

"礼"字是《论语》中被孔子反复提及的众多字眼之一，那么"礼"到底是什么含义呢？"礼"字的繁体字为"禮"，《说文解字》中对此作出的释义是"礼，履也。所以事神致福也。"即人们在祭祀仪式中击鼓奏乐，供奉美食、美玉、美酒，然后按照一定的规范仪式祭祀祖先和神灵。这套仪式和规范为周朝开创，所以也被称为周礼。中国素有"礼仪之邦"的美誉，也是发端于此。

周朝崇尚"敬天保民"，认为统治者必须要"有德"。"有德"才能"保民"，才能承接天命，而一旦"失德"，也就失去了上天的庇护。"德"正是"礼制"的目的，"礼制"也正是"德"的体现。"德"体现在每个阶层和每种社会关系中，如周天子与"天命"之间、周天子与诸侯等贵族之间、周天子与平民之间、诸侯与卿大夫等级之间、夫妻之间、兄弟之间等。

孔子非常重视"名分"，看重身份等级。他认为，每个人都需要根据自身的身份去履行相对应的责任和义务。《论语·子路》中就提出："名不正，则言不顺；言不顺，则事不成；事不成，则礼乐不兴；礼乐不兴，则刑罚不中；刑罚不中，则民无所措手足。"属于自身的义务不能不做，但也不能做得过分，这也是"中庸"思想。"不偏不倚、恰如其分"正是孔子提倡的。不过，"名分"观念也从一个方面认同了周礼中的上下尊卑的等级观念。

何为"仁"

"仁"是儒家思想中非常重要的一个观点。"人而不仁，如礼何？"达不到"仁"的标准，又怎么对待礼仪制度呢？合乎礼制就是要根据名分履行相对应的义务与责任，而具体如何实施，则是"仁"。

关于"仁"的具体内涵，孔子并没有直接下定义，即使在《论语》中"仁"也有很多说法，如"仁者，爱人"，"克己复礼为仁"，"泛爱众而亲仁", "老吾老以及人之老，幼吾幼以及人之幼"等内容。仁的内涵主要分为两方面：一是"爱人""爱众"。这就是儒家人文关怀的体现。二是"克"或者"戒"，比如"君子有三戒""一日三省吾身"等。自省与克制的是人性中"非礼"的成分，只有做到如此才能达到君子的标准，而躬身自省也是成为儒家君子的必备素质，是合乎"仁"的内在要求与必备手段。

亚圣孟子

孟子（约前372-前289年），战国时期哲学家、思想家、教育家，是孔子之后儒家学派的代表人物，与孔子并称"孔孟"。孔子宣扬"仁"，孟子则进一步宣扬"仁政"，最早提出"民贵君轻"思想，被后世称之为"亚圣"。孟子的言论著作收录于《孟子》一书。

一谈到孟子，很多人都会想到一个耳熟能详的故事——"孟母三迁"。孟子小的时候，居住的地方离墓地很近，他常常目睹送葬、祭拜的事情，于是学了很多关于祭拜的仪式。孟母认为小孩子不适合学这类东西，于是将家搬到集市旁。因为身边终日围绕的都是写做小本买卖的小商小贩，孟子又学到了很多关于买卖的方式方法。孟母觉得这样小的孩子就学了一身市井气，不利于将来成才，于是又将家搬到学宫旁边。这下孟子每天接触的都是研读诗书的学子，整个人也变得知礼有礼。孟母这才满意，就在此定居下来了。

孟母为了给孟子一个良好的学习环境，不惜三迁其家，孟子终成一代大儒，与身边环境对他的熏陶感染有很大联系。后世的中国人在教育子女

✕ 孟子

时,也非常强调良好的人文环境对子女成长的重要性。

孟母教子的故事历经千年而流传至今,深刻地影响了中国人的教育观念。早在西汉时期,就有韩婴、刘向等大儒记载了这一故事。南宋时期的启蒙课本《三字经》引用的第一个典故就是"昔孟母,择邻处。子不学,断机杼"。

作为"亚圣",孟子以继承和创新的方式推进并发展了儒家思想,提出"仁政""仁义"的观点,提倡性善论、养浩然之气以及道统论,在汉唐时期得到司马迁、扬雄、韩愈、皮日休等思想家的推崇。

"仁政"学说是孟子从孔子的"仁学"继承发展而来。"仁政"学说提倡"以民为本"。对一个国家来说,"民为贵,社稷次之,君为轻"。孟子认为统治者需要宽厚待民,施以恩惠,以争取民心。"仁政"学说的理论基础是"性善论"。孟子认为人性本善，他说"恻隐之心，人皆有之。""民贵君轻"和"性善论"的观念深刻影响了中国人的政治观念和人性观念。

孔子曰"仁"，孟子讲"仁义"。义的繁体字是"義"，《说文》的解释是"己之威仪也，从我羊"。"我"表示兵器，又表示仪仗；"羊"表示祭祀品，正所谓"国之大事，在祀与戎"。像战争与祭祀这样的大事自然是需要一定的"仪式"的，而"义"则是人们在此过程中表现出来的，如虔诚、威仪、正义、服从等道德或规范。

"义"首先是要敬长。君臣有义、父子有义、兄弟有义等。除了人伦之外，孟子还将"义"上升到与"道德"相提并论的高度，强调"养浩然之气"，我们今天称的"道义"即是如此。

孔子将"仁、义、礼"组成一个系统，孟子延伸为"仁、义、礼、智"，称为"四德"或"四端"。即"恻隐之心，仁也；羞恶之心，义也；恭敬之心，礼也；是非之心，智也。仁义礼智，非由外铄我也，我固有之也，弗思耳矣。"——(《孟子·告子上》)也就是说：仁义礼智，不是从外部给予的，自己本来就拥有这些，只是人们不用心思想、领悟罢了。

基于"道义"的高度，孟子提出了两个非常重要且影响深远的思想——"舍生取义"和"重义轻利"观。在面对道义与生命、财产的冲突时，孟子主张一定要坚持道义高于一切。

在个人面对财富变化与武力胁迫的时候，孟子说："富贵不能淫；贫贱不能移；威武不能屈；此之谓大丈夫。"(富贵不能使他的思想迷惑，贫贱不能使他的操守动摇，威武不能使他的意志屈服，这才叫大丈夫。)

在个人的生命与仁义相冲突时，孟子说："鱼，我所欲也，熊掌，亦我所欲也；二者不可得兼，舍鱼而取熊掌者也。生亦我所欲也，义亦我所欲也；二者不可得兼，舍生而取义者也。"(鱼是我所想要的，熊掌也是我所想要的，如果这两种东西不能同时得到，那么我宁愿舍弃鱼而选取熊掌。生命是我所想要的，仁义也是我所想要的，如果这两样东西不能同时得到，那么我宁愿牺牲生命而选取仁义。）

有人说，阅读《论语》，孔子给人留下的是一个在恪守礼制规范的同时，又很和蔼可亲的老者形象。而孟子的著作《孟子》充满了坚韧和力量，给人留下的是一个坚持正义、严格遵守礼仪规范的形象。正如易中天的评价："读《论语》如沐春风，读《孟子》如闻战鼓。"

孟子给了后世中国人勇往直前的勇气和坚强。在面对生死与大义的冲突时，中国人从来都是坚定选择大义的。甚至可以说，中华文化中刚直不屈的那一部分，就是从孟子而来。在之后两千多年里，正是凭借孟子的激励，一代代中国人虽然历经无数苦难，却仍把中华文明的精神传承不息。

荀子，集大成者

如果说儒家是孔子创立，经由孟子发展的，那么战国末期的荀子则是集大成者。荀子（约前313-前238年），战国末期儒家学派的代表人物，也是先秦时代百家争鸣的集大成者，其思想集中反映在《荀子》一书。荀子思想对儒学的拓展有着重要的意义，同时还影响到了后世汉代的政治格局。

在荀子之前，儒家一直秉承着孟子的"人性本善论"，即"人之初，性本善"。而荀子却提出了"性恶论"，即人生来便是恶的，会做坏事，会扰乱社会治安，所以需要用教育来改善他们的思想，用礼教来束缚他们，不让他们做坏事，这就促使了人们对礼教的重视程度日益提高。这种主张

"礼法并施"的观点也受到了统治阶级的青睐。关于孟子的性善论与荀子的性恶论的争论在今天依然为人们所津津乐道。

荀子还在不改变儒家"仁"的本质的同时，吸收了法家等其他各派的思想，创造性地发展了儒家思想，主张"礼法并施"，将自己的"礼制思想"变得丰富，从而让儒家文化能够变得更加具有实践性，更能为统治者所接受，也让儒家思想变得更流行。

荀子之前的孔孟之道大多属于"内圣"之学，是一种理想化的思想，实操性不强。荀子在孔孟之道的基础上，借鉴了法家思想，将政治和学术很好地融合在一起，"礼法并施"的措施也符合了统治者的需要，还培养出了韩非、李斯这样的弟子，二人对时局产生巨大影响。

荀子对儒家思想的发展和继承居功至伟，尤其是对汉代有着格外深刻的影响。荀子的思想体现了务实的精神，在坚持儒学基本信念，保持儒家根本大义的同时，拓展了儒家思想在政治领域的发挥空间。

在西汉武帝时期，董仲舒提出"罢黜百家，独尊儒术"的主张，中国社会开始进入儒学时代。在著名的《举贤良对策》中，董仲舒在"四德"的基础上加入"信"，并将"仁义礼智信"说成是与天地共长久的经常法则（"常道"），号曰"五常"。儒家学说最终成为中国社会的正统思想，影响长达两千多年。

儒家学说确立了一个民族的集体精神内核，受到儒家文明浸润的国家，被成为儒家文化圈国家。孔子也因此和古希腊的先哲、犹太教的先知、佛教的释迦牟尼并称为"轴心时代"的伟大精神导师，被后世誉为"世界十大文化名人之首"。直至今日，儒家思想依然深深地影响着中国人的思维习惯、价值观念、行为方式，影响着中国社会的运行逻辑。

PART 02
从百家争鸣到独尊儒术

孔子、孟子生活的春秋战国时期（前6世纪–前3世纪），是中国历史上大动荡、大变革的时期，各国的争霸和战争不断，但中国社会自此由封建贵族社会发展到皇权专制社会，制度、经济、阶层、文化都出现了前所未有的变化。这是一个转折时期，也是确定后世各项制度、思想文化的关键时期。

✕ 孔子

百家争鸣

在周朝，贵族是社会的统治阶层。按照分封制和宗法制的原则，周朝对姬姓子弟和功臣进行分封行赏，把他们分到中原及以外的各地，封地的诸侯可以继续对自己的子孙进行分封，如此不断延续。

上层贵族对下层贵族有分封、保护的责任，下层贵族对上层贵族也需要尽到自己的义务，比如定期朝见、纳贡、勤王等。像金字塔一样的等级制度不仅解决了统治者之间的矛盾，还扩展了周朝的统治范围，将礼制文化传播到更远的地方。

但是，这套制度长于稳定，却缺乏灵活。周朝前期的几代天子和诸侯之间的兄弟或叔侄关系还算密切，但过了几代之后，随着亲情的疏离，以及地方诸侯的势力逐渐变强，他们与周王室的离心越发加剧，于是"春秋五霸"轮番登台，到了战国时期，王室与诸侯的权力转移又在诸侯与卿大夫之间重演了一遍，一些卿大夫成为新的王侯。

同时，社会经济和组织层面也在发生翻天覆地的大变革。铁犁牛耕逐渐在社会普及开来，极大地促进了劳动效率和荒地的开垦，越来越多的私田得以开垦。政府为了将这些田地纳入管理，只得承认私田，并向百姓征收土地税。于是，原有的公有制土地制度——"井田制"开始瓦解，土地私有制度开始成为农业社会土地制度的主流。

由于需要统计新开垦的土地和小家庭数目，户籍制度也应运而生，"编户齐民"的政策成为传统农业政府的根本之策。各诸侯国管理着数以万计的小家庭，征收土地税，每家每户还需向政府服徭役、兵役，因此各诸侯国的国力迅速大增，开始走向扩张与争霸之路。

如何迅速提升国力，在争霸战争中取得优势，成为诸侯国君首要考虑的事。良士先哲纷纷发表自己对巨大的社会变革和未来发展走向的观点。他们的主张涉及政治改革、经济、民生、军事、哲学等内容,从而形成了儒、道、法、墨、兵、农、阴阳、纵横等诸多学派。各家学说蜂拥而起,各种流派相互争论、批评,出现了被后世称颂的"百家争鸣"。

儒家和墨家是春秋时期的显学。孔子去世之后,他的众多弟子由于对孔子言论和思想的理解不尽相同,因而产生了八个不同的派别,统称为"战国儒家八派"。《韩非子》的《显学》篇记载:"自孔子之死也,有子张之儒,有子思之儒,有孟氏之儒,有漆雕氏之儒,仲良氏之儒,有孙氏之儒,有乐正氏之儒。"其中一支影响最大的,就是"孟氏之儒",也就是孟子学说。

儒家学说推崇仁爱、主张恢复礼制秩序。在当时诸侯纷争、战争四起的年代,这套理论显然不太符合时代需求,这也是为什么孔子周游列国却四处碰壁的主要原因。

墨家的代表人物是墨子。墨家主张"兼爱"(人与人之间平等的相爱),"非攻"(反对侵略战争),"节用"(推崇节约、反对铺张浪费)。墨家学派替下层百姓说话,并且反对侵略战争、反对铺张浪费,与新兴的统治阶层的考量相违背,自然也无法获得上层阶级的认可。

道家的代表人物是老子、庄子。老子著有《道德经》一书,他的主张主要有"道法自然""无为而治""以柔胜刚"等,其思想具有较强的辩证思维。庄子著有《庄子》一书,其中《逍遥游》《齐物论》等篇流传较为广泛。老子在政治方面的理想是回到"小国寡民"的状态,而庄子表现得更多的是对世间的超脱。

法家的代表人物有李悝、申不害、商鞅、韩非等人。他们大多以富国强兵为己任,提倡废除旧贵族的特权,主张法治,并着眼于法律的实际效

✕ 老子授经图

用,他们以君王的权力集中和国家力量的发展壮大为目标。这样的主张和实践受到很多帝王的青睐,法家提出的依法治国的主张为秦朝及后世的中央集权的王朝提供了理论依据,影响深远。

兵家的代表人物是孙子、孙膑等人。兵家,顾名思义是研究军事理论、从事军事指挥的学派,兵家思想是中国古代军事思想的精华。孙子著有《孙子兵法》,孙膑著有《孙膑兵法》,前者标志着中国军事思想的成熟,也是世界上最早的军事著作,被誉为"兵学圣典",孙子也被誉为"兵圣"。兵家思想含有丰富的朴素唯物论和辩证法思想,是世界古代军事思想精华的集中体现。

纵横家是指"合纵连横"的外交家,代表人物是公孙衍、苏秦、张仪等人。当时的战国七雄,秦国在西方,其他六国在东方,因此六国南北相连称之为"合纵";秦国自西向东和东方诸国结交,称之为"连横"。在春秋战国这样一个争霸和扩张的年代,各国实行灵活且对自身有利的外交政策自然是十分重要的。

大国争霸,国力的提升和军事能力的增强、外交政策的有效性自然是首要的。于是,法家、兵家与纵横家们成为一国之君最为倚重的肱股之臣。李悝、吴起、商鞅、韩非等改革家和孙子、孙膑、白起等军事家,以及像苏秦、张仪这样的外交家纷纷成为时代俊杰,一时风光无限。

各家面对时局纷纷提出自己的见解,相互争论、相互批评,形成思想上的各派"百家争鸣"。"百家争鸣"是中国历史上的第一次思想解放,也是中国思想和文化史上最为辉煌灿烂、群星闪耀的时代,其中有些思想影响了中国两千余年。在世界范围内的同时代,这一时期又与古希腊文明、犹太教、佛教文明交相辉映,成为一个让后世念念不忘的"轴心时代"。

走向大一统

自周天子分封诸侯于各地,经过几百年的历史变迁后,从春秋时期的诸侯争霸到战国时期的七雄并立,历史以战争吞并为方式,走向了"天下大势、分久必合"。公元前221年,秦国一统天下,建立中国历史上第一个大一统的封建集权王朝——秦朝。

只是,秦王朝传世不过十几载就倒台了。公元前206年,西汉建立。西汉初建时,因连年战乱,民生凋敝,人民生活困苦不堪。天子以下,就连王公贵族都备不齐一辆四匹同样颜色马来拉的车,有的大将、丞相甚至出行只能乘坐牛车。

在这样的情况下,统治者采用道家黄老学说,提倡"无为而治",政策温和仁慈,主张休养生息、轻徭薄赋,让利于民。经过近50年的发展,西汉的国民财富终于积累到了富足的水平。造就了中国历史上非常有名的盛世——文景之治。据《汉书·食货志》记载："京师之钱累巨万，贯朽而不可校。太仓之粟陈陈相因，充溢露积于外，至腐败不可食。"国库里面用来串铜钱的绳子由于年久已经开始腐烂，而仓库里的粟米由于不断有新米堆积，已经溢出仓外。

巨额财富的积累为帝王的雄心壮志打下了坚实基础，汉武帝上位后不久便立即着手加强对中央王权、国家经济的控制，对外则取得了对匈奴作战的胜利，并加强了与西域的文化交流，一个空前强大的大汉王朝已经屹立在世界的东方，与西方的罗马帝国遥向并立。

汉武帝时，天下已定，秩序井然，国力强盛，黄老之学指导下实行的休养生息政策不再符合统治阶级的现实需求。于是一场关于思想文化领域的巨大改革开始启动。

汉武帝元光元年（前134年），汉武帝下诏征求治国方略，董仲舒在著名的《举贤良对策》中创建了以儒学为核心的新的思想体系，系统地提出了"天人感应"、"大一统"、"罢黜百家，独尊儒术"等主张，皆被汉武帝采纳。董仲舒的学说以儒家宗法思想为中心，将君权、父权、夫权和神权糅合在一起，形成帝制神学体系，将纲常伦理拔高到天道的高度，为皇帝的功过是非和登基退位都赋予了神话色彩。儒学在此时已经发生了显著的变化。

于是，原先学术多元的局面迅速被汉武帝主导的"独尊儒术"所取代。儒家学说的早期代表人物成为权威，儒家典籍被奉为经典，儒学从此影响中国社会长达两千多年。

然而，儒学与政治联姻并不牢固。统治者并非真的"独尊儒术"，他们依然需要法家的帝王之术。汉宣帝曾经亲口承认："汉家自有制度，霸王道杂之"。这也就是中国古代政治的特点之一——"儒表法里"。

✕ 提出"罢黜百家,独尊儒术"的董仲舒

对大多数儒生而言,儒学与政治的联姻,为他们提供了一展所学的政治舞台,让"学成文武艺、货与帝王家"成为他们的主要人生目标。

儒家经典之一的《大学》就提出了"物格而后知至,知至而后意诚,意诚而后心正,心正而后身修,身修而后家齐,家齐而后国治,国治而后天下平。"通过对万事万物的认识研究,才能获得知识;获得知识后,意念才能真诚;意念真诚后,心思才能端正;心思端正后,才能修养品性;品行修养后，才能管理好采邑（古代国君封赐给卿大夫的封地）；采邑管理好了，才能治理好国家；治理好国家后天下才能太平。这就是儒家学说中非常经典的"修身、齐家、治国、平天下"的思想，也成为儒家乃至中国人做人、做事、治国的基本原则和方法。

对整个中国来说，朝廷对儒家学说的推崇，促进了知识的传播、教育事业的发展，提高了整个社会的文化水平，也在中国老百姓心目中种下了崇尚知识、崇拜读书人的种子，形成了中国人勤学好问、重视教育的传统美德。于是中国历史上，凡是太平时期，社会必将形成一股向学之风，这对中华文化的传承和发展起到了非常重要的作用。除此之外，儒家强调人心向善、重视人伦、尊老爱幼的思想，也成为中国社会和谐稳定的基础。

PART 03
儒释道，三教融合

自汉朝以来，中国王朝的历史似乎表现出一次又一次的循环更迭。王朝由战争的胜利者建立，由于战乱的破坏，王朝初建时需要休养生息数十年，然后国力逐渐上升到一个极值，同时上层统治者同下层百姓的矛盾也在积累。这时，需要出现改革家来解决或者缓解矛盾。如果矛盾得到较好的处理，王朝将延续。但是矛盾缓解一段时间后，最终都会走向无解，王朝灭亡，进入到下一个循环周期。

乱世对儒家思想的冲击

东汉末年（公元3世纪前期），几百年来形成的世家大族成为连皇帝都无法撼动的势力。他们在朝廷中是官至"三公"的显贵，如袁绍"四世三公"的显赫家世，在地方上是拥有数百顷土地的大地主豪强，也是把持官员仕途的地方豪族。那些大大小小的世家大族之间还相互串通，形成一股巨大的政治力量，左右着朝政。同时，他们又用自己手中的权力不断兼并

✕ 清·丁云鹏《三教图》 佛、道、儒三教的创始人释迦牟尼、老子、孔子似正在辩经论道,体现了"三教合一"的社会思潮。

土地。据《汉书·食货志》记载："富者田连阡陌,贫者亡立锥之地。"土地兼并越加严重,贫富差距已经非常悬殊。最为致命的是,官府、法律乃至军队都已经无法对他们构成威胁。

汉灵帝光和七年(184年),走投无路的贫苦农民在巨鹿人张角的领导下,头扎黄巾,高喊"苍天已死,黄天当立,岁在甲子,天下大吉"的口号,揭竿而起。黄巾大起义爆发,大汉王朝摇摇欲坠。中国历史由此进入长达数百年的战乱时期。地主豪强组成的军阀在镇压了农民起义后,陷入混战,后来三国并立,直到公元265年西晋建立,才实现统一。然而好景不长,公元291年,西晋王朝爆发了长达16年的"八王之乱",北方游牧民族乘虚而入,制造了中国历史上的一场大混乱——"五胡乱华"。先是官府失控,出现强盗匪患,后又战争四起,百姓流离失所,而后西晋王朝被灭,中原大地生灵涂炭。

如此乱世,百姓惶恐不安,发现他们一直以来信奉的儒家纲常伦理似乎无法解决社会民生之凋敝,社会秩序之混乱。

乱世中掌权的世族所关心的只有自家的利益。王仲荦在《魏晋南北朝史》中就指出:魏晋时期的门阀世族"不是不预闻,便是帮助篡位,均以自己门第的利益为转移"。同时,入仕必须出身门阀士族。对士大夫阶层来说,通过察举入仕的途径因为宦官的拉帮结派而几近荒废,朝廷的公开卖官对他们更是沉重的打击,让他们对儒学本身失去了信心。从小研读儒家学说的士人们觉得自己"仁不足以救世、义不足以卫己",人生观、价值观发生了极大的变化。他们要么不拘礼法、纵欲放肆,要么归隐田园。

那些魏晋名士放浪形骸的背后,其实只是在掩盖内心的极端苦闷,像"竹林七贤"中最为后世所熟知的阮籍、刘伶二人就是如此。阮籍在政治上本有济世之志。但当时正值司马氏独断朝政,大肆杀戮异己,政治斗争十

✕ 唐·孙立《高逸图》(局部)

分激烈。阮籍本来在政治上倾向于曹魏皇室,对司马氏集团心怀不满,但同时又对司马氏的夺权行为颇感无奈,于是只能采取消极对抗、明哲保身的做法,或闭门读书,或登山临水,或酣醉不醒,或缄口不言。而刘伶则嗜酒如狂,整天喝得大醉,对所谓的名教礼法极为不屑。

佛、道对儒家思想的影响

东汉初年（公元1世纪初），佛教传入中国。但是无论是东汉、三国还是西晋朝廷都明令禁止汉人出家为僧，那时的佛教在当权者眼中只是胡人的宗教。为此，佛教进行了长达400余年的中国化过程，与中国本土的儒学和道教进行了长时间的纷争与融合。到魏晋时期，在频繁的大灾大难面

× 明·《帝鉴图说》插画 此图描绘了南梁武帝萧衍为表忠心事佛,四次舍身同泰寺,大臣前后耗费几亿钱将其赎出。

前,越来越多的百姓转而寻求宗教的庇护,佛教和道教就此得以发展。

南北朝以后,在当权者的支持下,佛教获得了长足的发展。南朝梁武帝萧衍(464–549年)继位的第二年,便放弃道教信仰,改信佛教,更曾四次舍身同泰寺,每次都是由群臣向同泰寺交纳亿万钱赎回。除了他所舍身的同泰寺,梁武帝还修建了许多寺院,唐朝诗人杜牧《江南春》里的名句"南朝四百八十寺,多少烟雨楼台中"就是形容当时佛教繁荣发展的景象。佛教的兴盛还表现在这一时期很多佛学大师翻译经书,官府则组织大批工匠开凿石窟、修建佛像。

同样在这一时期兴盛起来的道教,起源于东汉末年,到两晋之后开始逐步发展成熟。然而,相比佛教浩如烟海的典籍,道教只有《老子》《庄子》《文子》《列子》四本基本理论经典。

相比佛教系统严谨的世界观、自洽圆满的成佛方法论、庞大繁多的理论经典,无论是儒家学说还是道教思想都相对贫乏得多。但是儒家思想虽然受到了冲击,却并没有被佛教思想取代,中国社会反而出现了儒释道互补和相互影响的过程。

佛教为了完成中国化进程,吸收了儒家的忠孝仁爱思想,以便与当时的封建宗法制度相适应,并融合了道教的中观思想,创建了止观学说。儒家学说吸收了佛、道两家的心性论和宇宙论来充实自己,并开始形成关注个人生存价值的生命哲学。道教则借鉴大量佛教理论,引入"地狱""劫数""定慧"等佛教概念。

虽然,儒学在魏晋南北朝时期失去独尊的地位,逐渐式微,但是儒学的传统并没有中断,而是不断吸收其他宗教或思想的精髓,在曲折中不断修正自己,以适应社会发展的需求。儒家文化的入世精神并没有被外来文化改变,反而是佛教越来越走上世俗化道路。所谓"事君事亲,也能成佛"。佛教思想教人从善，也教人忠君、孝亲，这就是儒家思想和佛教文化的相互影响与相互融合。

也正是因为这样，魏晋南北朝时期的儒学被称为是"上承两汉经学，下启宋明理学"的重要发展阶段。

PART 04
宋代理学，儒学发展的最高潮

乱世冲击着礼制，灾难使秩序失灵，宗教代替了原有的儒家人伦抚慰着人心，但是乱世终究会过去，中国历史在经历几百年混乱之后又一次进入大一统的太平盛世。

唐宋时期的儒学复兴

公元589年，隋军南下灭掉南朝陈朝，统一中国，结束了中国自西晋以来的长达三百多年的分裂和混乱。隋文帝励精图治，迎来了繁荣局面。隋朝是中国政治经济中心东移、南移的转折时期，大运河的开通更是这一过程的关键之举。更重要的是，隋朝为唐朝的"贞观之治""开元盛世"打下了坚实的基础。

隋朝还有一个重要的举措影响中国达1300年之久，那就是科举制度。科举制打破了魏晋时期的九品中正制选官制度，使得寒门子弟也有了通过考试走上仕途的机会。与科举制对应的，是教育事业的逐渐兴盛，而学堂所用的教科书就是儒家的五经,这就为沉寂三百多年的儒家学说的发展创造了极为有利的条件。

唐朝初年(公元7世纪前期),李渊、李世民等人为了强调李氏的出身高贵,迎合与利用老百姓对道教的尊崇,宣称自己家族是道教创始人老子(李耳)的后人。到武则天当政时,为了寻求女性当政的合法性,武则天命人在典籍中大肆寻章摘句,结果在儒家学说和道家学说中都查询未果,反而在佛教《大云经》中找到了依据。于是,武则天重用佛教人士,助推了佛教的发展。

到了中唐,以韩愈、柳宗元为首的古文运动,为宣扬儒学之道,对佛教思想和六朝以来盛行的骈体文给予了猛烈的批判,使文章成为传播儒学的新途径。

唐宪宗元和十四年(819年),针对长安的信佛潮,韩愈上表《论佛骨

✕ 唐代古文运动的代表——韩愈

表》，极力劝谏皇帝对佛教不应太过重视，要求将佛骨烧毁，不能让天下人被佛骨误导。在儒学式微，释、道盛行之际，韩愈致力于复兴儒学，为宋代理学的繁荣打下了基础。

唐朝灭亡后，又历经五代十国几十年的战乱，宋朝一统中原地区。国家的统一，让平民知识分子寄希望于恢复儒家"修身、齐家、治国、平天下"的理想，于是产生了崇尚孔孟之道，推崇六经的社会思潮。

宋朝是儒家学说的成熟期。虽然宋朝统一了中原，但是在文化层面还面临着一个急切的任务，那就是重整纲常。宋朝廷认识到儒家学说对维持社会稳定的作用，于是更加注重对儒家文化的宣扬、提倡。在科举考试上，甚至取消了隋唐以来的诗赋、策论，立论时必须依据儒家经典，再加上宋代儒家学者开展儒学复兴运动，以及活字印刷术对书籍的推广等众多原因，使儒学得到前所未有的发展，最终得以复兴。

儒家学说发展到宋代，被称为宋明理学。宋代儒学最显著的一个特点就是对伦理纲常的强化，对道德名教的倡导。宋代儒学奠基人欧阳修就在其编修的《新五代史》中提出"三纲五常之道绝"，"君君、臣臣、父父、子子之道乖"是社会衰败的主要原因。

宋初的儒者大多出身贫寒，更加看重儒学的实用价值，特别推崇六经中的《易经》，因为只有《易经》为儒家哲学提供了一个比较完整的关于宇宙本质与生成的哲学体系。

北宋初期，儒家学者们大力研究《周易》，把其看作对抗佛、道二教的武器。不仅如此，他们还大量吸收佛、道二教的思想，构筑起儒学严密的哲学逻辑结构，积极发挥儒学的"经世致用"，让其具有广泛的实用性和操作性，使其更易于深入人心，被统治者认同，成为社会的统治思想。

理学五子

宋代较为著名的理学家有北宋的周敦颐、邵雍、张载、程颢、程颐,被称为"理学五子"。他们对北宋儒学的发展起到了非常重要的作用。

周敦颐(1017-1073年)最为人所熟知的就是名传后世的散文《爱莲说》。其中的"出淤泥而不染,濯清涟而不妖"已经成为后世中国人评价一个人高尚人格和磊落胸襟的经典名句。除此之外,周敦颐还是理学的开山祖,他的理学思想融合了儒家的中庸思想和道家的无为思想,在中国哲学史上起到了承前启后的作用。他认为人性有五品,即刚善、刚恶、柔善、柔恶和中;适中是最完善的人性,其余诸品皆有缺陷。他非常强调"诚",认为"诚"是仁、义、礼、智、信的根本,是行为的渊源,是道德的最高境界。

╳ 周敦颐画像

周敦颐在《太极图说》《通书》中首次将儒家伦理观念纳入一个无极太极、阴阳五行、万物化生的宇宙论思想体系中，认为人和万物都源自太极，"太极"一动一静，产生阴阳万物，为宋代理学奠定了基本的框架，在此后七百多年的学术史上产生了深远的影响。他所提出的哲学范畴，如无极、太极、阴阳、五行、动静、性命、善恶等，成为后世理学研究的课题。儒家学者往往有着积极的入世精神、强烈的人文关怀，以及对社会责任的担当。像儒家代表周敦颐，为官多年，不仅殚精竭虑，还兴建学堂，重视教育，将自己的理学理念实践于社会，以报效朝廷。

理学五子之一的邵雍（1012-1077年）可以说是"一代大神"。《水浒传》开篇引用的诗就是他的作品，《西游记》中提到的几个"神人"中也有他。他从未入世，没做过官，但很多宰相、阁僚都愿拜在他门下，被称为"宰相顾问"。他的《梅花诗》和姜子牙的《万年歌》、李淳风的《推背图》、刘伯温的《烧饼歌》并称为中华四大预言奇书。

作为一代易学大师，邵雍融合道教的思想，形成了一套完整独特的宇宙观，擅于用易数来推算天地的演化和历史的循环。相传，对后世影响很大的《铁板神数》《梅花心易》就是邵雍所著。虽然邵雍从未涉足政坛，一生远离官场，但是他的学识朝野皆有盛名，备受百姓敬重。他创办书院，著书立说，还时常受邀四处讲学，宣扬儒家学说，从而达到移风易俗的社会主张。我们常说的"一年之计在于春，一天之计在于晨，一生之计在于勤"就出自邵雍。

而提到张载（1020-1077年），很多人可能不太了解，但是被后世儒生倍加推崇的"横渠四句"却是很多人都听说过，被推崇为"最能体现中国儒家的器识格局"的名言。"为天地立心，为生民立命，为往圣继绝学，为万世开太平"，即使今天读起来，依然让人豪气顿生。

张载作为理学分支"关学"的创始人，也是宋代理学奠基人之一。张载所在的宋初，佛道两教的"虚无"价值观盛行，避世、厌世之辈大有人在，对当时的政治经济都造成了严重的影响。张载为反对佛道的"虚无"，提出了"太虚即气"的观点，认为世界的本源是"气"，气的本初状态是"太极"。由于气具有阴阳两种彼此对立的属性，所以永远处于运动状态。气聚则成万物，气散则归于太极。通过"气"的概念，张载得出了"万物本是同一"的结论，构筑了一个独特的"一元论"哲学体系。他的著作《正蒙》《经学理窟》《易说》后来被明清两朝定为科举考试的必读之书。

不仅如此，张载一生主张"实学"，强调经世致用，并致力于敦本善俗，推行德政，重视道德教育，提倡尊老爱幼，使当时的关中地区"用礼渐成俗"，地方社会文化风貌焕然一新。

"理学五子"中的程颢（1032-1085年）、程颐（1033-1107年）兄弟，

✕ 程颢画像

✕ 程颐画像

同学于周敦颐，共创"洛学"，世称"二程"。"二程"在哲学上发挥了孟子至周敦颐的心性命理之学，建立了以"天理"为核心的唯心主义理学体系。他们在学术上所提出的最重要的命题是"万物皆只是一个天理"。他们认为阳阴二气和五行只是"理"或"天理"创生万物的材料，强调天理与人性的关系，"天者理也"，人的内心思想一定要符合人伦道德，人的行为举止一定要遵循天理，"君臣父子，天下之定理，无所逃于天地之间"。"二程"的学说对后世人们的言行举止的影响非常大。中国人常说的"天理何在""天理难容"都是从"二程"理学中延伸出来的。

"二程"还特别重视教育，潜心办学，论著颇丰。他们认为，教育的最终目的就是让受教者循天理，仁民爱物，恪守封建伦常。他们认为，教育必以儒家经典为教材，以儒家伦理为基本内容，德育是教书育人非常重要的一个部分。他们的教育思想如其理学思想一样，对后世影响深远。

程颢著有《定性书》《识仁篇》，程颐著有《易传》《伊川文集》，他们的学说后来被理学大家朱熹继承发展，因此也被后世成为"程朱学派"，宋代理学也被称为"程朱理学"。

朱熹，理学集大成者

朱熹（1130-1200年）继承北宋周敦颐、"二程"的观点，传承子思、孟子一派的心性儒学，并对佛教中的灭欲观和思辨精神加以整理，从佛教思想中借鉴了世界观、方法论的内容，构建了一个宏大的哲学体系。

朱熹理学的主要观点包括世界的本原是"理"，认为"理"是自然万物

× 朱熹画像

和人类社会的根本法则,"天地之间,有理有气"。在人伦方面,他主张天理高于人欲,主张遵循天理,"存天理,灭人欲"。这里的"人欲"是指超出人的基本需要的欲望,比如私欲、淫欲、贪欲。饮食男女是人的生理的基本需求,就是圣人也不可避免。因此饮食男女之欲,不是人欲而是天理。因此,"存天理,灭人欲"其实是肯定了人需要遵从天理,而对贪欲、淫欲、私欲的欲望,则应加以遏制和摒弃。

由于人性中有善有恶,所以"程朱理学"主张对人欲中的"恶"进行克制,也就是说人们对自身欲望的把握要有度、有节制,这是和孔孟思想一脉相承的。理学是道德哲学,它回答的主要问题在个人层面是如何成为君子、贤人甚至圣人,如何具备良好的道德修养,简言之就是"修身"。只可惜,在后来的历史演进中,统治者将这种道德教化篡改为"消灭人的一切欲望",变成了压榨和奴役百姓的政治工具。

除了自我修养，朱熹还继承孔孟推己及人的大善之道。他从《礼记》中摘出《中庸》《大学》两篇分章断句，加以注释，与《论语》《孟子》合为"四书"。

《大学》中记载："古之欲明明德于天下者，先治其国；欲治其国者先齐其家；欲齐其家者先修其身；欲修其身者，先正其心；欲正其心者，先诚其意；欲诚其意者；先致其知；致知在格物。""知"就是知识，"致知"即"把我的知识推到极致"，"格物"就是穷尽事物之理，是一种寻根究底的求理精神。

"格物致知"发展了儒学的理性主义学术精神，也体现了中华民族最深层的生存方式和学术核心。同时，这一连串的发问引出的是个人与家庭、天下之间的顺承递进关系。理学就是这样将个体的道德自觉推及开来，将个人和集体、国家，乃至宇宙的命运都联系在了一起，强化了中国人注重气节和德行操守、注重社会责任与历史使命的文化性格。

程朱理学的影响

"程朱理学"形成了一个以儒学为核心的社会思想体系，确立了儒学在中华文化上的正统地位，也使中国思想文化的发展达到一个空前的高度。它将儒家的社会、伦理道德和个人生命信仰理念、民族集体意志乃至历史使命形成一套完整的哲学，将"理"上升为"天道""天理"的高度，是中国及世界哲学思想的一次巨大变化。一直到清朝灭亡，理学一直都是官方的正统学说。

"程朱理学"曾被元朝统治者用以加强王权的合法性。元朝统治者根基不稳,如何安抚人心、确定自身统治的合法性,其中最重要的措施就是宣扬学说里的"三纲五常",强调下级对上级的绝对服从,人要"安守本分",而这些主张都是立足未稳的统治阶级所亟须的,可用来维护内部的统一及社会秩序的稳定。

同时,以朱熹为代表的理学在传入日本、朝鲜、越南、琉球等地后,迅速成为当地的文化正统地位。儒家文化圈在这一时期也得到了发展和巩固。

理学在成为正统思想后,变成了"放之四海而皆准"的真理,一门原本包含了思辨性的学问逐渐被教条化,一种原本为适应社会变革而生的思想最终却发展成为禁锢社会发展的框架,这才有了20世纪初期,中国社会轰轰烈烈的思想变革。

PART 05
明清儒学,在批判中前行

当"程朱理学"被官方树为权威理论之后,为政治所裹挟,逐渐表现出僵化的特征。宋代大儒陆九渊(1139-1193年)所创的心学开始得到迅速发展,并产生了心学的集大成者——王阳明,心学也因此被称为"陆王心学"。心学强调阐发内心,强调自我的表达,这是对理学的一种批判。但在后期发展过程中,由于过分夸大了"心"的作用,认为只要内心所想,就一定能够得到,这种自我表达开始走向极端化。

✕ 陆九渊画像

心学，儒学发展的重要转折点

明朝初期，伴随着极权文化的加强，官府限定科举考试的文体只能是八股文这种形式。所谓八股文，也称制义、八比文，指文章由破题、承题、起讲、入题、起股、中股、后股、束股八部分组成，后四个部分每部分有两股排比对偶的文字，合起来共八股。八股文章从"四书五经"取题，内容必须用古人的语气，不允许自由发挥，而句子的长短、字的繁简、声调的高低等也都要相对成文，字数也有限制。八股文直接禁锢了社会生机的蓬勃发展。

打破这种沉闷和僵化的人是陈献章（1428-1500年）。他提出了"自然为宗""学贵自得"的哲学主张，开启明代心学先河，使明代儒学从理学向心学转变。他与后来的湛若水（1466-1560年）的心学合称为"陈湛心学"，是王守仁的阳明心学的直接源头。

心学作为儒学的一门学派，最早可推溯自孟子，北宋程颢开其端，南宋陆九渊则发扬光大，可与朱熹的理学分庭抗礼。心学把事物的"理"看作是心灵所赋予的结果，而并非先有"理"，这是区别于程朱理学的根本差异。

王阳明可谓心学集大成者。王阳明（1472-1529年），原名王守仁，浙江绍兴府余姚县（今属宁波余姚）人，因曾筑室于会稽山阳明洞，自号阳明子，学者称之为阳明先生，亦称王阳明，著有《王文成公全书》与孔子（儒学创始人）、孟子（儒学集大成者）、朱熹（理学集大成者）并称为孔、孟、朱、王。阳明心学对日本、朝鲜半岛以及东南亚的思想文化都产生了重大影响。

王阳明强调"心即是理"，即最高的道理不需外求，而是从自己心里

✕ 王阳明画像

即可得到。这一主张被他的学生们继承并发扬光大，泰州学派即认为由于理存在于心中，因此"人人可以成尧舜"，"天地虽大，但有一念向善，心存良知，虽凡夫俗子，皆可为圣贤"，即使不识字的平民百姓，也可以成为圣人。

"人人皆可以成为尧舜"，肯定了人的主体能动性，对个体的自觉充满了信心，同时又强调人的欲望的合理性。在世界范围内，阳明心学也同近代西方的人文主义，强调个体的自觉遥相呼应。

阳明心学还提出"知行合一"的方法论。在《传习录》中，王阳明谈到"知行合一"时，曾说："知是行之始，行是知之成"。大意是说，"知"是"行"的开端，而"行"则是"知"的完成，二者互为始末。

阳明心学还将世间万物都视为内心的映照，以突出自我、昌明本心，并通过知行合一的方法论来达到发扬心中善念的目的。在理学成为正统意识形态，纲常伦理成为不可违背的条文，八股文让学术气氛一片沉闷后，心学为个体发声，主张自我的合理表达，追求至善良知，无疑是具有进步意义的。

阳明心学对日本的影响

由于明朝在儒家文化圈中的领导地位，阳明心学在日本、朝鲜半岛及东南亚等地也产生了重大的影响。阳明学在日本，历经四百余年的发展，与日本文化紧密结合在一起，发展出极具日本民族色彩的"日本阳明学"一脉，甚至还反过来影响了阳明心学。

无论是在中国的明清时期还是在日本的德川幕府统治时期，"程朱理学"都是官方统治的理论依据和正统意识形态，而心学在下层百姓中传播较为广泛，是作为一种"反传统"的姿态出现的。

日本江户初期，日本儒学家中江藤树（1608-1648年）把"王阳明心学"引进日本，对日本学术界产生了很大的影响。由于中江藤树出生于近江（今滋贺县），他也被称为"近江圣人"。日本心学在中江藤树开创之后，大致可分为两派：一派是具有强烈内省性格的德教派（一说存养派），另一派则注重实践,是以改造世界为己任的事功派。这两派的产生是和儒家学说的内省特征、王阳明的阐发内心和知行合一的两大路径保持一致的。

中江藤树的徒弟熊泽蕃山传承其事功学派,佐藤一斋、吉田松阴、三岛毅等人作为杰出学者、教育家,开始将阳明学推向平民和下层武士阶层,阳明心学开始在广大下层百姓中产生影响。

19世纪中叶开始,日本遭受到西方资本主义强国的冲击,一些对世界形势拥有敏锐嗅觉的士人开始认识到学习西学的紧迫性和必要性。他们以心学为解放思想的武器,提出"东洋道德,西洋艺术,精粗不遗,表里兼该"等主张,打破了朱子理学固守儒学的孤陋习气,开启了吸收西方科学文化的新风,为瓦解日本封建体制的倒幕运动做了充分的思想和舆论准备。

作为一个后发国家,日本想要尽快追赶上西方强国的脚步,必须要坚持"采百家之长,皆为我所用"的原则和具备"事在人为、人定胜天"的信念,而坚持"惟我""贵今"和强调主体能动性的心学无疑是他们非常需要的,于是心学成了明治维新诸杰们普遍信奉的一种哲学,并因此为日本造就了一大批叱咤风云、雄飞庙堂的思想家和领导人。伊藤博文、西乡隆盛、太久保利通等人,利用心学的内在义理,大踏步地向西方学习,同时保持对传统文化的继承,拉开明治维新、富国强兵的序幕,由此日本社会开启了通向近代化的大门,直接改变了日本历史的发展走向。中国近代著名学者梁启超也说:"日本维新之治,心学之为用也。"

明清之际批判性学说

在明末清初之际,由于心学的发展、资本主义萌芽的出现,加上君主专制制度的空前加强等诸多因素的影响,儒家学说在走向主观唯心主义的极端化发展之后,开始呈现出离经叛道和批判性特征,代表人物有李贽、顾炎武和黄宗羲。

李贽(1527-1602年)因公开指责儒家圣贤经典而为世人所熟知。李贽批判理学,蔑视四书五经,公开指责儒家经典并非"万世之至论"。他反对理学空谈,提倡实用的功利主义;反对理学对个性的压抑,主张个性解放、婚姻自由;反对歧视妇女和压制商人的社会地位。他的这些主张在今天看来依然具有解放精神和历史意义。

李贽的狂放和批判在清初黄宗羲、顾炎武、王夫之的身上得到了继承。此三人都是恰逢明末清初的乱世,曾积极抗清,失败后隐居不仕,并且都坚持从人本主义出发,阐述自己对专制制度的批判,发出了振聋发聩的时代强音。

黄宗羲(1610-1695年),人称"梨洲先生"。黄宗羲主张以"天下之法"取代帝王的"一家之法","天下为主,君为客"。黄宗羲的思想有着明显的反专制倾向、很强的进步性和前瞻性。

顾炎武(1613-1682年),人称亭林先生,他提出了一个著名的"亡国亡天下"理论。顾炎武认为,"亡国"和"亡天下"是两个完全不同的概念。改朝换代,只是皇帝变了,国号变了,这叫"亡国"。而当仁义充塞,道德沦丧,统治者压迫百姓,人们相互戕害,这就成了"亡天下"。

王夫之(1619-1692年),人称"船山先生"。王夫之反对"程朱理学",反对将理欲相对立的观点,主张二者互为一体。王夫之在关于王朝更

✕ 李贽画像

✕ 黄宗羲画像

✕ 顾炎武画像　叶衍兰（清）绘

✕ 王夫之画像　杨鹏秋（清）绘

迭和维护华夏文化正统地位的问题上提出了一个论断："可禅，可继，可革，而不可使夷类间之。"改朝换代可以是禅让，也可以是继承，甚至可以是革命造反，唯独不可以是外族入侵。因此，辛亥革命胜利后，章太炎评价说："船山学说为民族光复之源，近代倡义诸公，皆闻风而起者，水源木本，端在于斯。"

明清之际的儒学思潮首次将对现实的批判上升到反思专制制度的层面。但是，由于统治阶层的文化高压政策，这些思想很难在社会上生根发芽。

清朝儒学的发展

清朝对于儒家文化的态度是双重的。一方面，作为入主中原的少数民族，清统治者必须要确立儒家文化的正统地位，以维护自身的统治；另一方面，由于明末清初的抗清风潮在各地依然存在，清政权对百姓采取高压政策，其中既有武力的镇压，也有极为严酷的文化高压。

清政府有意识地将祭孔祀孔之礼大力推广。顺治尊孔子为"大成至圣文宣先师"，康熙帝亲自写了楷书的匾额"万世师表"，挂在孔庙大成殿梁上。从此，人们便称颂孔子是"万世师表"。另一方面，清政府又采取文化高压政策压制文人，特别是江南文人，其中最为臭名昭著的是"文字狱"。

1730年，翰林院庶吉士徐骏的一篇奏折惹怒雍正皇帝。雍正当即下令革除徐骏职务，随后又进行抄家。在抄家中，发现了徐骏写的大量诗歌。

办案人员看到"清风不识字,何故乱翻书"这两句诗后,随即将此诗解读为,徐骏在讽刺清朝统治者没有文化,还要偏偏装出有文化的样子。最终,徐骏被处斩,诗歌集全部被烧毁。这两句诗出自徐骏的诗歌《无题》:"莫道萤光小,犹怀照夜心。清风不识字,何故乱翻书。"

不少人因此逃避现实,埋头于旧纸堆中作考据性的学问。明清之际的顾炎武,主张根据经书和史书立论,达到救世目的。到乾隆、嘉庆年间,这一方法逐渐兴盛起来,因此被称为"乾嘉学派"。学者们推崇汉儒古文经学的训诂方法,考证原委、整理古籍和学术脉络。由于反对浮华,提倡朴实,故又称"汉学"和"朴学"。

汉学纠正了理学义理,特别是心学的空疏之风,但也有为考据而考据的繁琐流弊。

第三章

儒学的传承与发展

儒学的发展与中国古代封建社会的发展息息相关,随着封建社会的分崩离析,儒学也面临着巨大挑战。新中国成立后,儒学虽经历波折,但也在曲折中逐渐复兴。伴随着儒学的复兴,隆重的祭孔活动重新兴起,社会也开始重读经典。

孔子　儒学与儒家学派

PART 01
近代儒学的曲折发展

清朝末期,社会动荡不安,国家内忧外患、生灵涂炭、民不聊生。内有太平天国运动,外有列强入侵。有识之士深感社会面临的严重危机,认为当时知识分子埋头的古文经学考古训诂的风气需要改变,主张以崇尚"微言大义"的今文经学代替"训诂名物"的古文经学。

今文经是相对于古文经而言的,是儒家经籍在不同时期的不同版本。因汉代称当时通行的文字隶书为今文,称秦代焚书以前六国所用的篆书为古文。儒家整理的经书用隶书抄录的称今文经,用篆书抄录的称古文经。

今文经学与古文经学是儒学发展过程中影响深远的两大学派。古文经学主张考证儒家经典的原意,只是将前代的史料加以整理、传授而已。今文经学主张发掘儒家经典诠释中的微言大义,将儒学与政治活动结合。

19世纪末20世纪初,中国人开始思考要通过何种道路来挽救中国的问题。在学术上,龚自珍和魏源重新提倡"经世致用"的口号,批判了当时占统治地位的程朱理学,对清乾隆、嘉庆以来繁琐考据的学风起到了矫正作用,对因循守旧、墨守成规的晚清思想界有所震动,变法图新的精神对近代传统儒家文化适应社会转型的变革也起到了重要的启蒙作用。林则徐、魏源等率先"睁眼观世界",主张"向西方学习",发出了

✕ 魏源画像　叶衍兰（清）绘

"师夷长技以制夷"的呼声。

　　1840年鸦片战争之后，清王朝统治集团开始分化，逐渐形成顽固派与洋务派两大派别。顽固派坚持祖宗之法不可变，恪守儒学之道，排斥外来事物，拒绝变革。而以恭亲王奕䜣和文祥为中央代表和以曾国藩、李鸿章、左宗棠、张之洞等为地方代表的洋务派意识到西方在科学技术上的进步，主张向西方学习，打出"自强"和"求富"的旗帜。洋务派认为要富强,使中国"有备无患",必须学习西方资产阶级的自然科学甚至社会政治学,提倡兴"西学",提倡"洋务",办军工厂,生产新式武器、建立新式军队,以达到"自强"目的。

发起洋务运动的这些大臣们无一不是长期在儒学思想的熏陶和影响下成长起来的传统士大夫,他们坚持"中学为体,西学为用"的方式。1894年的甲午战争宣告洋务运动的失败,证明了仅在器物层面学习西方,实现富国强兵抵御外辱是行不通的。人们意识到中西方之间的差距

✕ 康有为像

不只是在器物层面，于是从洋务派中分化出来一些早期维新派代表人物如王韬、郑观应等人。他们突破洋务运动中提出的"中体西用"的思想束缚，政治上主张学习西方的政治制度，实行君主立宪制；文化上主张学习西方思想文化和科学技术，办新式学校，开始在思想和制度上思考中国的变革。

随后登场的资产阶级维新派，明确地提出了政治、经济、文化的变革纲领。资产阶级维新派的代表人物康有为（1858-1927年）、梁启超（1873-1929年）从小接受传统的儒学教育，长大后转而接受近代西方的政治学说。他们看到了中西方的差距，意识到传统儒学与时代发展的冲突，开始批判儒学中不符合时代发展的部分。

由于儒学长久以来的思想统治地位，资产阶级维新派采取迂回的方式，将孔子学说与后世的儒学进行分割，因势利导推出文化革新，以西方学说将孔子"包装"成为维新变法的守护者，"是康有为等人对待儒学的基本态度"。康有为的《孔子改制考》将孔子描写成满怀进取精神、提倡民主思想、平等观念的人，认为孔子的学说原本没什么瑕疵，只不过经过历代传承后逐渐失去了本来的面貌。他们采取"尊孔子而批后儒"的态度对待儒学，打着"托古改制"的旗号，将西方资本主义政治学说与中国传统的儒家思想相结合的办法来宣传变法，为西方学说披上中国儒学的外衣，以此来说明维新派的改革方案是历代圣贤所追求的理想。

维新变法失败后，清政府面临着越来越严重的统治危机。清末新政，科举制度的废除对儒家思想产生了重大影响。

儒学面临的巨大挑战

1911年，辛亥革命结束了中国延续两千多年的封建君主专制制度。1912年，新成立的中华民国临时政府通过《临时约法》，明确规定"中华民国之主权，属于国民全体"，总统是由公民选举产生，这就从根本上否定了封建制度中君权神授学说，传统儒学的尊君理论失去了合法性。此外，《临时约法》规定："中华民国人民一律平等"，这使得维护上下尊卑等级制度的"三纲"在法律上被正式废除。历代被统治者奉为"正统"，维系封建君主专制政体意识形态的儒学，也随着封建帝制的寿终正寝而失去昔日的地位。在蔡元培主管教育部后，决定废祀孔、删经学，这是儒学在20世纪遇到的一次重大挑战。

虽然辛亥革命最终失败了，但是它促进了西方启蒙思想在中国的进一步传播，民主共和的思想深入人心。先进的知识分子认识到，革命失败的根源在于国民缺乏自由民主的意识，必须从文化思想上冲击封建思想和封建意识。

1915年9月，陈独秀在上海创办《青年杂志》，后改名《新青年》，新文化运动由此发端。随后，陈独秀、鲁迅、李大钊、钱玄同、刘半农、蔡元培、胡适等人高举民主与科学的旗帜开启了一次思想解放运动。1919年1月，英、美、法、日、意等战胜国在巴黎召开对德和会，决定由日本继承德国在中国山东的特权。巴黎和会上中国外交的失败，引发了震惊中外的"五四运动"。

"五四运动"形式上是中国学生的爱国运动，但从整个社会背景、社会发展来说，它的影响远远不止于此，波及中国思想文化、政治发展方向、社会经济潮流、教育，亦对中国共产党的建立和发展起到了重要影响。

新文化运动和"五四运动"对儒家旧伦理道德进行了彻底的批判,当时甚至有人提出"打倒孔家店"的口号,将整个传统文化特别是儒家学说都等同封建主义意识形态予以批判否定,将近代中国积贫积弱的原因都归咎于儒家思想的影响,形成一股全盘反传统、反儒学的极端社会思潮。这是儒学在20世纪遇到的又一次挑战。

1949年,中华人民共和国成立,中国的历史进入一个全新时代。儒学研究在"百花齐放,百家争鸣"的方针指引下有了新的开端。

PART 02
不断兴起的儒学热

　　1978年改革开放以来，中国的经济建设得到了长足的发展，经济总量已跃居世界前列。随着物质生活的丰富，人们开始追求精神生活的丰盈。历史悠久，辉煌灿烂的传统文化被人们重新重视起来。

　　两千多年来，儒学作为国家正统思想被中华民族世代传承，其中的"仁、义、礼、智、信"；"温、良、恭、俭、让"；"修身、齐家、治国、平天下"；"先天下之忧而忧，后天下之乐而乐"；"独善其身，兼济天下"；"家事、国事、天下事，事事关心"等儒家价值观作为中国传统文化的优良基因，在一定程度上成为衡量中国人思想、道德和修养的标准。传统儒学思想文化中蕴含的"仁义、谦和、礼让、诚信"等思想，成为中国人重新定义自己的道德标准，也成为中国人为人处世的行为标准。

　　2004年9月，国内70多位学术权威齐聚北京，呼吁社会各界关注国学发展，并发表"甲申文化宣言"，在文化界产生了巨大的影响。各类媒体的国学活动和节目丰富多彩。2009年央视《百家讲坛》栏目中的《论语》开播，更是让儒学重新回到老百姓的生活中，将国学热推向一个新的高度。儒学研究、儒学学会如雨后春笋遍布全国；各种名目的儒学与国学讲堂、论坛风起云涌，大量儒学论文、专著不断问世；各类学校开设国学班；学

※ 北京孔庙

生开始背诵《论语》《孟子》《礼记》,以及《三字经》《千字文》《弟子规》等儒家经典。

在继承中发展的新儒学

儒学在中华民族几千年的发展历程中没有中断,证明了它本身拥有着许多优点与合理性。儒家提出的家国情怀、团队意识、勤劳节俭、自强不息、尊老敬贤等思想对个人价值观的引导,对社会价值取向的树立都有着非常好的作用。

当然,儒学发展至今,融合众多儒学大家的思想,其深度不是背诵

✕ 小朋友在道南书院体验国学课堂

《三字经》《百家姓》等启蒙读物就可以诠释的。当代儒学的发展，需着重挖掘儒学内在的"开智、见性、明心、治国"的巨大价值。

在认识和肯定自身传统文化的同时，也需认识和了解外来优秀文化，吸收其精华，以促进自身文化的不断发展。《礼记》云："礼从宜，使从俗"，宜就是因地制宜，讲究礼仪应该合乎当地的实际情况，并尊重别人的风俗习惯。儒学与世界其他民族文化是互补的，而不是对立冲突的。"各美其美，美人之美，美美与共，天下大同。"

儒学复兴的目的不是为了重建一个旧的社会和思想体系，而是为了建设一个更加文明、和谐的现代社会。弘扬国学要与时俱进，以新时代的思维和方法来研究儒学。

PART 03
隆重的祭孔活动

祭孔是华夏民族为尊崇与怀念孔子而举行的隆重祀典,祭孔大典在古代被称作"国之大典",已经延续了两千多年,是世界祭祀史、人类文化史上的一个奇迹。

历史上对孔子的祭祀,起源于孔子后裔和孔门弟子的祭祀行为。孔子生前,孔门弟子将他作为精神上的偶像。公元前479年,孔子去世后葬于鲁

✕ 众弟子为孔子守孝

国都城以北的泗河边,众弟子在他墓前守丧三年,子贡甚至达六年之久。

官方的祭孔活动可追溯到公元前478年,孔子卒后第二年,鲁哀公把鲁国陬邑的孔子生前居所改立庙宇三间,陈列孔子生前日常所用的生活用品,比如琴、冠、车等,作为后人祭祀孔子的场所,孔子故居成为世界上第一座孔庙。因此,曲阜便长期保留着祭祀孔子的习俗。不过此时的祭孔,还只是孔子家族内部纪念祖先的活动。

祭祀孔子的典礼,又称为"释奠礼"。释、奠都有陈设、呈献的意思,指的是在祭典中,陈设音乐、舞蹈,并且呈献牲、酒等祭品,对孔子表示崇敬之意。最初祭孔在每年秋季,后改为春秋两次。人们又在农历八月二十七(相传为孔子诞辰)举行大祭。这一天的祭孔仪式非常隆重,连学生也要放假一至三天,以示敬重。最初参加祭孔的人只限于孔氏直系子孙,随着祭孔成为国家大典后,连皇帝都会亲自或指派大臣参与祭孔。

公元前195年,汉高祖刘邦经过鲁地时以最高礼仪——太牢之礼祭祀

✕ 汉高祖祭祀孔子

儒学的传承与发展

孔子，这一举动开历代帝王祭孔之先河。后来，汉武帝刘彻听取董仲舒的意见"罢黜百家、独尊儒术"后，大力扶持儒学的发展，各地纷纷修建孔庙，孔庙逐渐成为朝廷祭祀孔子的礼制庙宇。

公元627年，唐太宗李世民下了一道诏书："天下学皆各立周孔庙"。周指周公，孔指孔子。不久后，唐太宗接受大臣房玄龄的建议，不祭周公，只祭孔子。公元739年，唐太宗又封孔子为"文宣王"，此后的祭祀孔子的活动开始升格。

宋代随着理学的盛行，祭祀制度也日趋完善，祭祀活动也越来越隆重。公元1307年，元世祖忽必烈在大都建圣庙，作为皇帝祭孔的专庙，还加封孔子为"大成至圣文宣王"。此时，天下孔庙的供给由国库定员、定额，专门管理。在祭孔的礼仪上，元朝廷允许天下各路、省、府、州、县设立之官办学校用汉代礼仪"释奠礼"祭祀孔子。

明太祖朱元璋登基后，开始推广地方学校的祭孔，并且规范了各地省、府、州、县各级行政区划的孔庙建筑规则。至清代，祭祀孔子更是隆重盛大，达到了顶峰。清顺治皇帝时，孔子被加封为"大成至圣文宣先师"。各地文庙对孔子的称谓正式定称为"大成至圣文宣先师孔子"，孔庙也被统一称为"文庙"。

据统计，历朝历代的祭祀活动中，帝王或亲临主祭，或遣官代祭，或便道拜谒的，达196次。

受到儒家文化圈的影响，17世纪以来，中国周边如越南、朝鲜、日本等国家和地区也兴建了许多礼制孔庙。18世纪以来，随着孔子思想的对外传播，很多国家都修建了孔庙。全盛时期，世界上共有孔庙3000多座，其中礼制孔庙2000余座，是世界上数目最多的礼制庙宇。

民国时期，封建帝制被废，受西方文化影响，祭孔活动程序和礼仪做了较大变动，献爵改为献花圈，古典祭服改为长袍马褂，跪拜改为鞠躬礼。

新时代的祭孔活动

1984年,沉寂了半个世纪的祭孔大典在曲阜重新启动。1985年和1986年的曲阜"孔子纪念活动"中,又加入了八佾(yì)舞的复原表演。从1989年开始,"中国曲阜国际孔子文化节"正式被确定。多样化的纪念活动为之后的孔子祭祀典礼奠定了基础。2002年,曲阜孔庙举行仿清制的祭孔典礼。2004年,国家举行公祭孔子典礼。在此之后,各地文庙纷纷响应,并在2005年首次举行"全球联合祭孔"活动。除了各地文庙,其他社会团体、大中小学校也纷纷举行祭孔典礼。

这些祭祀礼仪,虽然规模大小不一,形制上也略有不同,但基本礼仪变化不大,分为明故城开城仪式、孔庙开庙仪式、现代公祭和传统祭

× 2015年,山东省曲阜市公祭孔子大典。

祀四个部分。除个别年份乐舞献祭单列外，基本上传统乐舞献祭与各项现代公祭程序同时配合举行。除公祭外，曲阜家祭等民间祭孔包括叩拜等传统礼仪。

祭孔大典用音乐、舞蹈等集中表现儒家思想文化，形象地阐释了孔子学说中"礼"的含义，表达了"仁者爱人""以礼立人"的思想。为扩大祭孔大典的全球影响力，2021年全球"云祭孔"升级网上祭孔平台，推出"辛丑年公祭孔子大典云平台"，网友可通过微信二维码、小程序、网络链接等多种方式进入"祭孔云平台"，远隔千里亦能献礼、寄语，祭拜先师孔子。

PART 04
去芜存菁,重读经典

在中华民族五千多年的文明史中,产生了无数的文化典籍。那些堪称经典的文献,如同明灯,照耀着民族发展的历程。

伴随着国学热的兴起,儒学学习和研究以多种形式开展起来。早些年,《百家讲坛》节目中的《论语心得》引领了国学经典研读热潮,而近年来《中国诗词大会》《国家宝藏》《朗读者》《典籍里的中国》等传统文化类综艺节目的火爆,让公众对传统文化的热情不断升温,重读经典成为一种社会文化现象。

两千多年来,孔子创立的儒家学说以及在此基础上发展起来的儒家思想,对中华文明产生了深远影响,是中国传统文化的重要组成部分。在众多国学经典著作中,以《论语》为代表的儒家著作无疑是其中最重要的部分。

李泽厚先生在《论语今读》中曾说过:"以《论语》为代表的儒家经典在不同层次的理解和解释下成为整个社会言行、公私生活、思想意识的指引规范。"老百姓在自觉或不自觉,有意识或无意识的情况下,将《论语》所带来的社会规范或者心理习惯渗透到日常的生活之中。

以儒学经典为代表的优秀传统文化中,有为人处世的哲学,有人与自

✕ 孔子施教图

然和谐相处的学问，涵养着中华民族的根与魂，在当下依然具有生命力、创新力。所以，在重读经典的过程中，需去芜存菁，使之与时代需求相契合，使其焕发新的生机。

第四章

中国人身上的儒学观念

儒家学说强调实践性,不管是对个人的道德修养,还是对治国理政,都有具体的措施指导,并且这些规范已经内化在中国人身上。

孔子　儒学与儒家学派

×

PART 01
无处不在的礼仪文化

中国自古就是礼仪之邦,中华礼仪曾享誉天下。在儒学上千年的熏陶下,礼仪文化在中国人身上展现得淋漓尽致,礼仪文化浸润在中国人的生活中,哪怕是日常问候,在不同情况下都有不同的问候方式。

初次见面,最标准的说法是"你好""很高兴遇见您""见到您很荣幸"等。如果对方是很有名望的人,可以说"久仰大名""幸会幸会"等。熟人见面则随意亲切得多,可以说"可见着你了""好久不见""近来可好"。

如果要向会面双方介绍各方人员,往往遵循"长者、客人先知道"的原则:先将身份低、年轻的介绍给身份高、年长的,先将主人介绍给客人,先将男士介绍给女士。介绍时,用语需简洁,不可用手指指向对方,而应用手掌示意。被人介绍时,面向对方,介绍完毕后,可以握手并说"您好",以表示友好。握手时,应遵循"尊者决定"原则,即等长辈、尊者、女士、职位高者伸出手后,晚辈、职位低者、男士方可伸手回应。

中国礼仪文化的起源

礼起源于氏族社会末期的祭祀活动。古文中的"礼"(禮)字,从"示"、从"豐"。"豐"是古代一种用来祭祀的礼器,"示"按照《说文解字》解释:天垂象,见吉凶,所以示人也。祭祀要表现对"天"或"神"的敬意,就需要制定相应的程序和仪式,于是就产生了礼的最初规范。所以,"礼"是"事神而致福也"。

在氏族祭祀礼仪的基础上,华夏民族逐渐形成了三皇、五帝治理天下的礼仪法度,后经夏礼和殷礼,到西周时周公制礼,各种典章制度、道德规范、行为准则更加完备。周公制礼的主要目的是维护周朝统治,礼的作用在于划分尊卑贵贱,规范人们的等级行为。但是,平王东迁洛邑后,周王室衰微,诸侯崛起,社会失序,礼坏乐崩。

孔子继承了周公的礼制思想,认为礼仪是教化引导民众最有效的方式。用法制禁令去引导百姓,使用刑法来约束他们,老百姓只是求得免于犯罪受惩,却失去了廉耻之心;用道德教化引导百姓,使用礼制去统一百姓的言行,百姓就会有羞耻之心,也就守规矩了。

儒家礼仪

儒家的"礼"是一种文化制度,它既是规矩、体制,也是一种广泛的社会意识,而"仪"是"礼"的具体表现形式,是依据"礼"的规定而形成的社会规则和人的行为规范。礼仪的内容十分丰富,涉及人们生活的方方方面面。"三礼"(《仪礼》《礼记》《周礼》)的出现标志着中国的礼仪文化发展进入成熟阶段。宋代时,礼仪与封建伦理道德说教相融合,即礼仪与礼教相杂,成为实施礼教的得力工具之一。

古代汉族礼仪有"五礼"之说,祭祀之事为吉礼,冠婚之事为嘉礼,宾客之事为宾礼,军旅之事为军礼,丧葬之事为凶礼。五礼的内容相当广泛,从反映人与天、地、鬼神关系的祭祀之礼,到体现人际关系的家族、亲友、君臣之间的交际之礼,还有表现人生大致历程的冠、婚、丧、葬诸礼,可以说是无所不包,充分反映了华夏的尚礼精神。

吉礼,居五礼之首,主要是对天神、地祇、人鬼的祭祀典礼,是古人表达对天地、祖先的一种尊敬,也足以看出古人有一种天人合一的宇宙观和敬重祖先的人生观。祭天神,即祀昊天上帝;祀日月星辰;祀司中、司命、风师、雨师等;祭地祇,即祭社稷、五帝、五岳;祭山林川泽;祭四方百物等;祭人鬼,主要为春夏秋冬祭先王、先祖。

凶礼是哀悯、吊唁、忧患之礼,以丧礼哀死亡,以荒礼哀灾荒,以吊礼哀祸灾,以桧礼哀围败,以恤礼哀寇乱。如古代的丧礼根据与死者亲疏远近不同,由重至轻,分为斩衰、齐衰、大功、小功、缌麻五个等级,称为"五服",每种服制都有特定的居丧服饰、居丧时间和行为限制。例如,子为母服斩衰,时间三年,若子为在朝官员,如须离职归家守制,也就是我们常在古装电视剧中所见的"丁忧"。荒礼是当某一地区或某一国家遭受饥馑疫疠,国王与群臣都采取减膳、停止娱乐等措施来表示同情。

军礼是师旅操演、征伐之礼,主要有大师之礼、大均之礼、大田之礼、大役之礼、大封之礼。大师之礼是军队征伐的仪礼;大均之礼是王者和诸侯在均土地、征赋税时举行军事检阅,以安抚民众;大田之礼是天子的定期狩猎,以练习战阵,检阅军马;大役之礼是国家兴办筑城邑、建宫殿、开河、造堤等大规模土木工程时的队伍检阅；大封之礼是勘定国与国，私家封地与封地间的疆界、立界碑的一种活动。

宾礼，即邦国间的外交往来及接待宾客的礼仪活动。如天子受诸侯朝觐、遣使迎劳诸侯、宴诸侯或诸侯使者等。此外，内阁王公以下直至士人相见礼仪，也属宾礼。嘉礼是沟通、联络感情的礼仪，主要有飨宴饮食之礼、婚冠之礼、射之礼（后衍生出"投壶"）、赈幡之礼、贺庆之礼、优老之礼。

在礼仪中，丧礼是最早产生的。丧礼于死者是安抚其鬼魂，于生者则成为尽孝正人伦的礼仪。在礼仪的建立与实施过程中，孕育出了中国的宗法制。人们认为一切事物都有看不见的鬼神在操纵，履行礼仪即是向鬼神讨好求福。因此，礼仪起源于鬼神信仰，也是鬼神信仰的一种特殊体现形式。

除了这几种主要的礼仪，生礼、成人礼也非常重要。为迎接新生儿，给新生儿举办满月酒，祝愿新生儿能够健康快乐地长大，叫生礼。成人礼则是在古代男子二十岁时举办冠礼，女子十五岁时举办及笄礼。举办成人礼预示着孩子长大了，可以成婚了，也能承担家庭责任了。古代的这些礼仪都具有浓重的仪式感，体现了中国人对人生各个阶段的重要性和责任感。除了这些重大礼仪，生活中的日常礼仪才是影响最深远的。

古人的日常礼仪是一种潜移默化的行为习惯和教育方式，主要就是围绕着吃、穿、住、行而来。古人在吃的方面有很多礼仪，比如请年长者、位尊者上座，普通的宾客按照亲疏关系安排座位。若有年长者上座，则需要年长者先动筷，后辈才能够动，手伸不到的地方别夹菜，吃东西尽量不要发出声音，饭前饭后都应该净手，这些关于吃的礼仪至今影响着中国的饭桌礼仪。

✕ 古制成人礼

✕ 中式婚礼

在穿着方面，不同的场合需要穿不同的衣服，参加较为正式的宴会应该穿着严肃些，如果是参加婚礼就该穿喜庆一点，若是丧礼就该穿素雅一点。在住的方面，父母住最大的正屋，儿女住厢房，如果有客人来了，需要提前换好被套，整理好房间。行的方面，要求走路要正，不可大摇大摆。

古人见面打招呼的礼仪也非常重要，不同的人之间行的礼不同。若是平辈见面，抱拳做作揖礼，也称"拱手礼"，只需要微微颔首；若是向长辈行礼，还需要弯腰的幅度更大。

中国人的礼仪体现在日常生活的点点滴滴，吃穿住行，人生大事，无一不着礼仪。

传统礼仪的意义

孔子主张"克己复礼"。克己复礼就是约束、克制自己，使自己的言行符合礼的规定。《论语·颜渊》指出："克己复礼为仁。一日克己复礼，天下归仁焉！"如果人们都能够做到自我约束，并使自己的行为合礼合规，就可以达到仁的完美道德境界了。所以说，礼仪是一种精神信仰。

不仅如此，礼仪也是社会秩序。孔子十分重视礼，强调"不学礼，无以立"。礼仪通过划分人们的尊卑，规范人们的地位，实现社会各层级的等级化、有序化，只要人人遵守符合其身份和地位的行为规范，便能达到《论语》中提到的"礼达而分定"，达到孔子所说的"君君臣臣、父父子子"的境地，贵贱、尊卑、长幼、亲疏有别的理想社会秩序便可维持，国家便可以长治久安。

礼仪还是一种交往方式。人与人交往要合规矩，礼是社会交往活动的准则。儒家学派认为，人的活动需符合仁德精神，为此制定了一套人与人交往的行为规范，而礼成为衡量是非曲直的标准。《礼记》说："礼也者，理也。"

《礼记》指出，"礼尚往来，来而不往，非礼也；往而不来，亦非礼也。"礼尚往来，是礼貌待人的一条重要准则，接受别人的好意，必须报以同样的礼敬。这样，人际交往才能够实现良性循环，社会才能体现出文明礼貌。

PART 02
外圆内方的处世之道

儒家倡导积极做事、积极为人，为人处世首要之务是要有一个"积极"的态度。这种观念两千多年来，深刻地影响着中国人的处事态度，演变出以'出世'之心去做'入世'之事的为人处事之法，或者用一句比较通俗的话来概括就是——"高调做事、低调做人"。

中国人主张，做事既要积极，又不能功利心太强、目的性太强，表现得太过直接，推崇以豁达乐观的态度、百折不挠的决心、兼采百家之长的方法去做事。至于做人，则是"外圆内方"、不卑不亢、落落大方的君子之风。

"外圆内方"的"圆"指圆润、变通，指在与人相处的过程中摩擦较少，"方"指规矩、原则，指不能牺牲自我利益、放弃自我原则。"外圆内方"即在不涉及原则的前提下，与人的相处要以和为贵，在处理事情上要灵活应对。

秉持内心的原则和底线，还不忘体贴他人，人生征程才会走得更加精彩。这是中国人的处事之道，也是为什么中国人特别注重"谦虚、谦让"的原因所在。

外圆内方的铜钱与儒家思想

铜钱,是中国古代通用的货币。虽然历朝历代,铜钱的样式会有不同的变化,但是外圆内方的造型却历经两千余年一直保持着,这不得不说是世界货币史上的一个奇观。究其原因,除了制作工艺的便利之外,主要还是因为铜钱的形制遵循着古人天圆地方的宇宙观和统治观,也代表着中国人的处事之道。

"天道曰圆,地道曰方",日月星辰的运行轨迹为圆形,是为动,动为阳;而中国人所创造的屋宇田郭多为方形,且以静态呈现,静为阴,天圆地方就是阴阳和谐,天人合一。中国人向来追求"以和为贵""和谐""融通"。方圆结合即有和谐之意,方与圆相互关联,彼此相辅相成,把铜钱做成内方外圆的形状,即是先人追求"和"思想的具体表现。

秦国相国吕不韦在《吕氏春秋》中的"季春纪"中记载:"天道圆,地

✕ 外圆内方的铜钱

道方,圣王法之,所以立上下……主执圆,臣处方,方圆不易,国乃昌"。这应该也是秦币圆形方孔的设计原理。

铜钱不仅是财富的象征,同时也展现着中国古代商人独特的经营之道。在他们看来,圆象征天,古人也将先天之智慧理解为经商之本;方象征地,代表秩序,旨在告诫商人经商时要守规矩、诚信经营,要以诚信立本。

PART 03
中国人的家国情怀

1935年9月17日,在天津南开大学礼堂举行的开学典礼上,面对日本侵略军逼近华北,意图将华北变成第二个"伪满洲国"的战争形势,校长张伯苓发出振聋发聩的"爱国三问":"你是中国人吗?你爱中国吗?你愿意中国好吗?"在风雨飘摇的旧中国,这无疑激起了学生们的爱国之志。

对每个中国人来说,"有国才有家"是常识,是深刻在血脉里的共识。家族是家庭的扩大,国家则是家族的扩大和延伸。家既是国,国就是家。家国情怀一直以来都是中华民族传统价值理念,也是中国人所秉持的爱国情怀。家国一体,是流淌在中国人血脉中的文化基因。

家与国

"家国同构"的社会治理模式的形成是中华先民集体智慧的结晶。这种社会治理模式将社会制度与政治制度相结合,将集体与个体的力量合而为一,从个人到家庭、从家庭到国家,进而使整个民族变成一个可以发挥出最大力量的共同体。

家国同构的模式定型于西周宗法制度。中国古代社会，疆域辽阔、交通信息技术水平低，王朝内部的凝聚力、政令的传达与政治文化的融通只能依赖于人们最信赖的血缘关系。家族亲情成为凝聚人心最重要的方式。

于是，以家庭为单位，以血亲为纽带，将国家当作万千家庭的集合体的宗法制度便得以确立，家国一体成为人人心中的信仰。爱国首先爱家，爱家必然延伸到爱国。

儒家经典《礼记·大学》中有这样一段经典的话："古之欲明明德于天下者，先治其国；欲治其国者，先齐其家；欲齐其家者，先修其身；欲修其身者，先正其心；欲正其心者，先诚其意；欲诚其意者，先致其知；致知在格物。"这段话直接阐述了中国古代社会的家国同构的管理模式。孟子曾说："天下之本在国，国之本在家，家之本在身。"天下、国、家三者融为一体，是中华民族崇尚家国大义的优良传统。

中国人认为，家庭如同国家，国家犹如家庭。家是国的缩影，国是家庭的扩大和延伸。"家国一体"这四个字在每一个中国人心中都根深蒂固，家国天下的文化格局和情感认同，已经植根于中华民族的血脉传承之中，成为整个民族的共同文化心理和价值取向。

家国与爱国

对中国人来说，家国情怀已潜移默化于每个人的心中。无数中国人以此作为人生的理想和追求，"先天下之忧而忧，后天下之乐而乐"就是对爱国情怀的经典阐述。

宋代理学家张载提出天下读书人应以"为天地立心,为生民立命,为往圣继绝学,为万世开太平"为志向,读书治学不是为了个人飞黄腾达,而是为了学以致用、精忠报国。在国家、民族生死存亡之际,中国人敢于挺身而出,为了国家和民族利益,牺牲个人利益甚至生命。

文人以天下为己任,武将则会马革裹尸、以身许国。中国历史上,出现过很多至今仍让人敬佩的武将——"不教胡马度阴山"的李广、"三箭定天山"的薛仁贵、"精忠报国"的岳飞。

南宋时期抗金名将岳飞(1103–1142年),从小就被母亲教导精忠报国,甚至在他背上刺下"尽忠报国"四个大字以时刻鞭策。1122年至1129年的8年间,岳飞先后四次从军,转战黄河南北,率部抗击金兵,奋勇杀

✕ 杭州岳王庙岳家将(岳家军)泥塑群雕

中国人身上的儒学观念

故、屡立战功。然而，寻求苟安的皇帝忌惮岳飞在民间的声望，担心其功高盖主，用十二道金牌命他回朝，并让奸臣秦桧以"莫须有"的罪名将岳飞斩杀。岳飞留下的词作《满江红·怒发冲冠》成为千古传诵的名篇。岳飞精忠报国的故事一直传诵。至今，人们依然会去杭州西湖畔栖霞岭边的岳飞墓去祭奠他。

每个时代、每份职业中都有让人感动的爱国事迹。新中国成立之初，为了国防事业的发展，钱学森毅然回国，呕心沥血，成就了祖国的航天事业。2008年汶川地震，赶赴汶川地震灾区的救援人员，感动了全国人民。还有至今仍然奋斗在抗疫一线的医护工作者们、志愿者们。

"家国一体"的社会文化和中华儿女的拳拳爱国心是一支强心剂。每当中华民族遇到危难时，这支强心剂都能唤起中华儿女的爱国之心，点燃他们的斗志，给予他们力量，风雨同舟、共克时艰。

PART 04
中国人的乡土观念

辜鸿铭说：中国人过的是一种情感的生活。这种"情感生活"主要指的是家庭生活。中国人历来重视家庭血亲关系，他们重视亲情伦理，孝顺长辈、关爱子女是他们的共识。他们大都是聚族而居，每个人都有非常强烈的家族意识、姓氏意识，以及乡土意识。

中国人对家庭的重视

在儒家学说中，宗法制社会里，人有"五伦"，即君臣、父子、夫妇、兄弟、朋友五种关系。这五伦里面，有三种是家庭关系，即父子、夫妇和兄弟。另外两种，君臣关系比照的是父子关系，朋友关系比照的是兄弟关系。也就是说，中国几千年的五伦之德，其基础就是家庭关系。

中国曾长期处于农耕社会，农业耕作需要密集的劳动力，以抵御风险和提高收益，因此家庭成员的集体耕作十分必要。一个家族必须抱团，集体生产生活，久而久之便出现了一个姓氏的大家族发展成一个村庄的情况。

在家庭内部，人们重视老人、赡养老人，重视对儿孙的教育和培养。"家有一老如有一宝"，百善孝为先，光宗耀祖，多子多福……这样的观念几乎每个中国人都很熟悉。如果询问中国的老人最大的幸福是什么？他肯定会说，子孙生活幸福、一家人团团圆圆就是最大的幸福。这就是中国人一直追求的"天伦之乐"。

人们对家庭的重视表现在方方面面，比如很多节日的设立就是为了维护家庭关系、提升家族凝聚力的。清明节，人们会有祭祖活动；中秋节，一家人会聚在一起吃月饼；重阳节，年轻人会举办敬老活动。每逢农历春节，中国人总会进行一次"地表最大规模人口迁徙"——春运。"有钱没钱，回家过年。"哪怕距离家乡几千公里，哪怕有扛着大包小包的劳累和诸多不便，中国人都会义无反顾地奔回家，和家人团聚。对中国人来说，春节是一个团圆的节日，家人团聚是春节最重要的主题。

即使是身处异国他乡的华人，也依然保留着中国传统家族观念。他们

✕ 春运

聚族而居，相互帮助，十分看重家族荣辱。很多人甚至出走半生，依然会选择回到家乡终老，为的就是"落叶归根"。

耕读传家

早在春秋战国时期，已出现了耕读文化。古时候的中国是典型的农耕社会，农业自古以来都被视为立国之本，耕作则是大多数百姓养家糊口的重要手段。每年立春时节，古代官府的一项重要任务就是"劝课农桑"，发展农业。官府为了鼓励农民及时开展春耕，会在立春时节举行一系列仪式，皇帝会在这一天亲自耕田，各地官府会举行鞭打春牛的仪式，以提醒农民们春耕开始了。

对于老百姓来说，除了耕田以养家糊口之外，最重要的事情应该就是读书了。儒家文化作为传统社会中的主流思想，其提倡教化民众，有教无类，即所谓"读"。读书可以让人知书达礼、修身养性。尤其是科举考试的出现给予普通百姓改变自身命运的机会，打开了一条通往上层阶级的通道，整个社会读书的风气更加浓厚。父辈们竭尽全力为下一代创造学习环境，提供学习条件，越来越多的人开始积极主动学习，以求步入仕途，为宗族带来荣誉。所以，在中国古人看来，耕田和读书是最重要的两件大事。

日出而作，日落而息，农耕之余，读书习字，成为古代学子的一种常态与梦想。近代著名文学评论家王永彬在儒家通俗读物《围炉夜话》中说："耕所以养生，读所以明道，此耕读之本原也。"长期的劳作，能锻炼人的体魄，帮助人形成勤俭节约、自强不息的精神，而读书可以明智，可以陶冶情操，而这便是中国人的耕读文化。

耕读文化还影响了中国农业、文学、教育等领域的发展，它是一种生活方式，更是一种信仰和价值取向。中国古代文学中涉及到农业的词句比比皆是，如"乡村四月闲人少，才了蚕桑又插田"；"锄禾日当午，汗滴禾下土。谁知盘中餐、粒粒皆辛苦"等。

耕读文化的一个重要价值取向，就是重视家庭建设和伦理道德。由于中国传统家庭大都是聚族而居，家族在凝聚人心，共同抵御风险的同时，也为家族内部的教育和发展提供了一个良好的环境。

一个家族，一般由男性族长、家族成员、族规、族谱、祠堂、族田和族学等内容组成。族规是儒家礼法秩序在家族这一单位的具体体现。祠堂

✕ 福建土楼建筑中的承启楼

是逢年过节祭拜祖先之地，也是公开处理家族内部事务的地方。族田是一个家族的公共财产，可以维持一个家族的基本生活保障，具体收入分配由族长执行。如果家族财产有盈余，还会用来进行社会慈善活动、开私塾，对参与科举考试的读书人进行相应的支持和奖赏等活动。

为了家族的长久发展和教化家族子弟，很多家族都会在族规上明文规定倡学、读书、明理的内容，并尽量开设族学，请私塾先生为家族子弟授业。族学的开设，对普及教育、形成社会基层的向学风气起到了至关重要的作用。"耕读传家"的观念更是被直接写在家族祖训里。

在福建省龙岩、漳州一带，有很多的土楼，每座土楼都是一个家族的居所。龙岩市永定区高北村的承启楼规模巨大，造型奇特，建于1708年，共有400个房间，鼎盛时期居住800余人，现在仍居住着300余人。这幢楼的大门口有一副楹联：承前祖德勤与俭，启后孙谋读与耕。这里的人们恪守着这条祖训，一代代地传承下去，培养了很多出类拔萃的人才。

家乡故土情

费孝通先生曾说，从基层上看，中国是一个"乡土社会"。他在《乡土中国》一书中把农民与乡村、土地、家庭、亲邻等形成的关系总和称为"乡土社会"，"乡"就是乡村、村落，"土"就是泥土、土地。在乡土社会中，土地、农业、农村、家族邻里是农民生存的依托、生产生活的场所和社会关系，是他们生活的总和。因此，自古以来中国人对"乡土"一直怀有深厚的情感，他们对故乡的强烈依赖、眷恋，也就是"乡土情怀"。

中国人把故乡的一山一水、一草一木视若第二生命,"谁不说咱家乡好","月是故乡明",是诗人口头上使用率极高的惯用语,而"乡情、乡音、乡思、乡愁、乡恋、乡亲、乡土"等词,更成了古今汉语的基本词汇。

乡土情怀的产生除了受到农业文明的影响外,还受到儒家文化,特别是宗族观念的影响。儒家文化强调家族这个集体的重要意义,强调人伦秩序,注重家族内部的孝悌仁爱,同时,祠堂、宗庙、家风、家训等因素又将一个村落或一个家族的所有人员凝聚在一起,人们变得更亲密了。

受到乡土观念的影响,儒家学说中又十分强调孝顺,于是"父母在,不远游"的观念深入人心。中国人都深爱着自己的家乡,轻易不会背井离乡。

这种浓郁的乡土观念,从中国人的姓名中也可以清晰地看出。中国古人往往在姓中融入浓郁的乡土观念,有一些姓本来就是故乡的名称,如郑、秦、齐、蔡、宋、卫、赵、楚、韩、魏、陈等。

在中国长久的历史积淀中,"乡土"已经成为一种文化符号,被赋予了某种象征意味。"乡愁"是中国文学家永恒的主题,家乡也被看成中国人安身立命的根本。人在漂泊时经常会发出"何处是吾乡"的感叹,以表达对命运的迷茫和对生命的感慨。

PART 05
天下大同的社会理想

中国古人对宇宙的认知有"盖天说""浑天说"两种观念。"盖天说"认为"天圆如张盖，地方如棋局"，"浑天说"认为"天地之体状如鸟卵，天包地外，犹壳之裹黄也"。上天盖着大地，如蛋壳包裹着蛋黄，或者如"张盖"盖着如棋局的大地。于是，人们便用"普天之下"来形容四方大地及大地上的生灵，简称为"天下"。

"天下"可以是一个没有时空限制的地理概念，代指已知的世界，也可以进一步代表世间的秩序，即"普天之下，莫非王土"。这是儒家学说对宇宙和人世间的独特解读。

天下大同

"大同"是中国古代对理想社会的一种称谓，相当于西方的"乌托邦"。这种思想源远流长，最早所见出自于《礼记·礼运》。

《礼记·礼运·大同篇》记载："大道之行也，天下为公，选贤与能，讲信修睦，故人不独亲其亲，不独子其子，使老有所终，壮有所用，幼有所长，鳏寡孤独废疾者皆有所养；男有分，女有归，货恶其弃于地也不必藏于己，力恶其不出于自身也不必为己，是故谋闭而不兴，盗窃乱贼而不作，故外户而不闭，是谓大同。"社会实行天下为公的社会制度、选贤与能的管理体制、充实的社会保障，同时人际关系讲信修睦，各尽其力。

除了儒家有这样的社会理想，道家、墨家也有类似的理想，如道家"小国寡民"的理想状态，墨家"兼相爱"的学说，基本上都是强调公平与良好的社会秩序。

在中国近代，太平天国的《天朝田亩制度》明确提出了农民阶级关于"有田同耕，有饭同食，有衣同穿，有钱同使，无处不均匀，无人不饱暖"的奋斗理想。康有为的《大同书》，设想未来的大同社会生产力高度发达、生产资料富足，人们的物质文化生活水平很高，没有剥削、没有战乱，男女完全平等。孙中山的大同理想主要体现在他的"三民主义"之一的民生主义，主要内容是：土地国有，大企业国营，但生产资料私有制仍然存在，资本家和雇佣劳动者两个阶级继续存在；生产力高度发展，人们生活普遍改善；国家举办教育、文化、医疗保健等公共福利事业，供公民享用。

"大同"思想分内、外两种，对内是社会和谐发展，对外则是"协和万邦"。儒家经典《尚书》明确提出"百姓昭明，协和万邦"的理想，主张百姓和睦相处，国家之间友好往来。

"大同社会"的概念是先秦大儒极具人文关怀的美好理想，也是百姓对美好生活的期盼。

人类命运共同体

中国古人以追求和谐为最高境界。万事万物的和谐相处、融通共生,就是古人非常崇尚的"和文化",或者称为"和谐之道"。这种观念倡导人与人、人与自然、人与天地万物的和谐相处,于是就产生了"天地人和""天人合一"等观念。《庄子·外篇·天地》记载道:"天地人和,礼之用,和为贵,王之道,斯之美。"

和谐之道包含了对其他事物差异性的尊重,并在此基础上和谐相处、互利共生,这就是"和而不同"。"和而不同"进一步上升到"大同"思想,反映了古人对"和谐之道"的进一步升华。

1990年12月,著名社会学家费孝通先生在其80岁寿辰上发表了"人的研究在中国——个人的经历"主题演讲。演讲中,他总结出"各美其美,美人之美,美美与共,天下大同"这一处理不同文化关系的十六字"箴言"。"美美与共,天下大同"既是费孝通对中国古人智慧的继承,也是对西方博弈思想的超越。不同于博弈思想,和谐之道尊重不同事物的差异性,提倡互相合作,摒弃恶性竞争,合作才能共赢,互利才能互惠。

近年来,中国提出"人类命运共同体",就是中国传承数千年的"大同"思想的继承与发展。这一概念旨在追求本国利益时兼顾他国合理关切,在谋求本国发展中促进各国共同发展,并为全球治理提供"中国方案"。"构建人类命运共同体"已被写入联合国决议,逐渐成为国际社会的共识。

第五章

走向世界的儒家文化

两千多年来,孔子以及儒家思想给中国以及周边国家带来了巨大影响,从而行成一个独特的儒家文化圈。伴随着中西方文化的交流,儒家思想也为西方带来了独特的东方智慧。儒家"四海之内皆兄弟"所蕴含的平等、和谐的精神在现代社会依然发挥着重要作用。

孔子　儒学与儒家学派

Ⅹ

PART 01
儒家文化对亚洲的影响

儒家学说自建立后,便随着汉字等中国文化一同传入朝鲜半岛、日本、越南等地,后来又传到东南亚和南亚各国,潜移默化地影响着当地人的社会生活,并对这些国家的思想文化产生了深远影响。

朝韩文化的儒学导向

自古以来,朝鲜半岛与中国之间的文化交流、贸易往来一直不断。中华文明带来先进的生产工具和技术,与此同时还带去了汉字礼仪等先进文化。随着汉字传入朝鲜半岛,文字之中所蕴含的儒家思想也随之传播开来。儒学在朝鲜半岛本土化程度很深,甚至有人说"韩国是个典型的儒教国家"。

由于地理位置的原因,朝鲜三国时代刚开始时,与中国东北地区接壤的朝鲜半岛北部的高句丽已经开始接受儒学思想的影响。公元372年,小兽林王尝试在高句丽建"太学",讲授"四书五经",以儒家学说培养年轻贵族，成为整个半岛受儒家文化影响最早的地区。高句丽以《周礼》为依据，仿效中国法制，制订律令和社会统治体制。朝鲜半岛西南部的百济，到4世纪时已有比较完备的儒学教育机关，并出现了一批精通儒家"五经"的"博士"，如王仁、段相尔等。据日本《古事记》等史书记载，日本最早接触到中国文化是通过百济的王仁博士。

而新罗由于地处朝鲜半岛南端，离中国比百济和高句丽相对较远，儒学在新罗的发展也较晚。503年，新罗按儒家的礼法要求改换了国号和年号。639年，新罗派遣子弟入唐留学，遣唐使回国后使儒学在新罗得到进一步传播和发展，并出现了薛聪、金云卿、崔致远等著名儒学家，其中崔致远更是朝鲜国历史上第一位留下个人文集的大学者、诗人，被朝鲜和韩国学术界尊奉为韩国汉文学的开山鼻祖，有"东国儒宗""东国文学之祖"的称誉。

公元918年，高丽建国后，太祖王建的《训要十条》以儒为表，强调儒学治国理念。各地统治者视儒学为维护秩序的工具、加强君权的武器，大力推广儒学。由于政府的扶持，"程朱理学"得到了迅速的发展，儒家思想开始在朝鲜半岛占有统治地位。李朝时期遵循儒家经典，模仿中国的集权官僚制建立政治体制。科举制的推行在很大程度上推动了朝鲜半岛文化教育的发展。成均馆就是当时传授、研究儒家学说的高等教育机构，设专门讲授儒学的明伦堂和供奉孔子的文庙。"成均"一词源于《周礼》的"成人才之未就，均风俗之不齐"。2010年大火的《成均馆绯闻》就讲述了女主金允熙和李善俊、文在信以及具容河在成均馆的儒生生活。

儒学自传入朝鲜半岛后，对朝鲜传统社会的政治思想、经济理论、道德伦理、社会礼俗等方面都产生了深远影响。

在政治方面，新罗的国号取"新者德业日新，罗者网罗四方"之意，

× 韩国高城郡，孔庙内举行传统仪式纪念大思想家孔子。

新罗历代国王均醉心于中华文化，唐玄宗曾经赐诗于新罗王，云"衣冠知奉礼，忠信识尊儒"。李朝时期则以中国的集权官僚制为模板建立政治体制。

在经济方面，新罗之后的高丽王朝自建立伊始也采取劝农政策，奖励农业。李太祖开国之时，更以《易经》中的"节以制度，不伤财，不害民"为宗旨，提出节用政策。

在道德伦理方面，历代国王都热衷于维护名教，"取则六经，依规三礼"，遍寻国内"忠臣孝子义夫节妇"，对他们的事迹予以赞扬并通过免除徭役等方式给予奖励。而对于不孝不悌之人，则加以严厉制裁。朝鲜的道德规范非常重视"孝"，同时将以儒学的"仁"与"礼"为基础的"三纲五常"作为时至今日仍不可动摇的伦理规范。

在社会习俗方面，韩国的国旗图案取自《周易》中的八卦图。韩国的货币也是以儒学人物的头像为图案，如李退溪、李珥等。韩国还是唯一官

走向世界的儒家文化 —— 145

方祭祀孔子的国家，他们同样重视阴历及其节令，有春节、元宵节、寒食节、中秋节等深深打上儒学烙印的传统节日。

《论语》中曾说："不学礼，无以立。""礼"在儒家思想中也极其重要，因为"礼"乃立身之本。礼貌待人是韩国生活的基本准则，不仅家庭成员之间长幼有序、父慈子孝，在各种场合，尊老爱幼、礼貌待人也是人们自觉遵守的规矩，秩序意识、等级观念体现在社会生活的方方面面。

塑造日本传统的儒学

中日两国是一衣带水的邻邦，这样的地理位置决定了两国之间的文化交流源远流长。从古至今，日本的政治经济文化和社会生活无一不受到儒家思想的影响，日本也因此成为儒学文化圈的重要成员。

大约公元5世纪，百济的儒学者阿直岐、王仁将《论语》《千字文》等儒家典籍传入日本，讲授儒家学说，这是儒学经典第一次出现在日本。此后很长一段时间，日本学习儒学都是通过朝鲜半岛辗转的。继体天皇时期（507–531年）就曾要求百济国王定期向日本派遣五经博士，传授儒家思想。不过，这个时期儒学思想主要还是在上层统治阶级流行。到圣德太子（574–622年）制定"冠位十二阶"（以德、仁、礼、信、义、智为基本位阶，再各分大德、小德，供十二阶），以及"十七条宪法"（强调"国无二君，民无二主"，"率土兆民，以王为主"等），均为儒家的政治思想。日本圣德太子还多次向中国派遣使节和留学生，使儒学在日本迅速发展，并逐渐成为贵族官僚的必修课。

公元630年，日本舒明天皇向中国派出第一支遣唐使。在之后的260多年间，日本朝廷一共派遣了19次遣唐使，其中尤以阿倍仲麻吕、吉备真备随行的第八次遣唐使最为著名。

日本朝廷不断派人到中国学习，每次派出的遣唐使团多达百人以上，有时甚至多至五百余人。唐朝的许多律令制度、文化艺术、科学技术以及风俗习惯等，也通过众多的遣唐使传入日本，对日本的社会发展产生了重大影响。

公元701年，日本制定的基本法典《大宝律令》，其中规定中央设太学，地方设国学，各置博士、助教，招贵族子弟，传授儒家经典，其中《论语》和《孝经》是必修科目。757年，日本孝谦天皇下诏，令全国每家必备一本《孝经》。

✕ 日本长崎的孔庙

走向世界的儒家文化

日本江户时代（1603—1868年）是日本儒学发展的全盛时期。德川家族大力推崇孔子的言论和书籍，《论语》也因此成为这一时期日本的官学，还成就了一批著名的儒学家，如藤原惺窝、林罗山、松永尺五等人。直至明治维新前，日本学校均教授"四书""五经"，日本的读书人更是以对四书五经了解的深浅来判断一个学者水平的高低。儒学中忠孝仁义，以及重视社会秩序的思想，都被日本文化吸收。

明治维新后，日本逐渐走上了资本主义道路。虽然强调要"脱亚入欧"，学习西方的科学和文化，但儒学思想仍然渗透在日本人社会生活的各个方面。即使到现在，日本社会仍然非常重视等级观念。日本保留下来的很多传统建筑都模仿中国唐代的建筑风格而建。日本文字通过简化、模仿中国草书，创造了平假名，又根据汉字的偏旁部首，创造了片假名。同

✕ 东京汤岛精道神社的孔子像

时，现代日语中常用的汉字有1945个。美国著名的日本文化研究学者鲁思·本尼迪克特曾说过："从中国学来的儒家文化，使日本从一个用手抓饭吃的民族迅速转化成了一个世界强国，包括精神方面的强大，文明程度也前所未有的发达，成为世界著名的'礼仪之邦'。"

日本在吸纳中国儒学的过程中，也根据日本人的思维特点将其"日本化"。儒学对日本的影响首先体现在对日本人价值观和伦理观的影响，进而积淀为日本人的民族心理。日本民族中许多固有的观念，如"忠君爱国""团体精神"等，本质上就是儒学"和为贵""忠诚"等基本观念。此外，日本人对"礼"十分重视，各种鞠躬、行礼等行为举止贯穿日本全社会。

儒学在东南亚的传播和影响

中国和东南亚各国有的山水相接，有的隔海相望。地理位置相近为中国与东南亚各国的文化、经济交往提供了有利条件。儒学在两千年前传入越南后，又通过越南传至其他东南亚国家。

早在秦朝时期，中国派往越南的地方官赵佗便提出"文教振乎象郡"，"以诗书而化训国俗，以仁义而固结人心"。其后的一千多年里，越南的儒学教育越来越发达。

除此之外，早在秦汉时期，就有中国人移居到东南亚，此后因各种原因不断迁往东南亚各国。这些移民中有不少学识渊博之人，如东汉时期的刘熙、唐朝的刘禹锡、明末的朱之瑜等，均在越南传授过儒学。虽然也有文化修养不高的底层移民，但他们之前接受的儒家思想熏陶，表现在生活的方方面面，影响着他们的行为举止，也通过日常交往，潜移默化地影响着当地居民。

儒学传入东南亚后，对各国的政治、经济、文化教育和社会伦理产生了深远影响。在政治上，儒学对越南的影响最为深刻，成为越南封建社会的正统思想。其他国家亦在各种职官制度上不同程度地受到儒学的影响。经济上，儒家的重农思想也深刻影响了越南"以农立国"的思想。统治者更是把"劝课农桑"作为地方官治理地方的首要任务。在文化教育上，汉字和儒学传入尚没有文字的越南并成为他们的文字和教材，尊孔子为"至圣先师"。以前，越南每个村社都设有负责祭祀孔庙的"斯文会"，其宗旨就是弘扬儒学精神，激励人们学习孔孟学说，而斯文会成员都必须是考

✕ 越南河内，学生们在文庙前庆祝毕业。

生、秀才、举人、进士等儒士。此外，人们要处处按礼行事，尤其重视丧礼和祭礼。直到现在，祭祀祖宗的习俗在越南仍然得到了相当完好的保留。现今东亚和东南亚各国，儒家文化虽然不再占据思想意识形态的主导地位，但一部分儒家道德原则、道德信念依然存在于社会生活的各个领域，流淌在当地人的血液中，这是传统文化的深层积淀。

PART 02
东学西渐——近代西方的中国热

不同文化之间的交流是人类社会的基本特征之一，同时也是人类社会进步的重要推动力。作为世界上著名的文明古国，中国与其他文明古国一样，创造了悠久的历史和灿烂的文化。在社会生产力极低和交通条件极为不便的情况下，中西方文明彼此之间的交流十分有限。但随着交通的不断改善，中西文明的交流和融合越来越频繁。

文化交流与丝绸之路

谈起中西方文化交流，就不得不提"丝绸之路"。"丝绸之路"的概念最先是1877年由德国地质地理学家费迪南·冯·李希霍芬提出的。他在著作《中国》一书中，把"从公元前114年至公元127年间，中国与中亚、中国与印度间以丝绸贸易为媒介的这条西域交通道路"命名为"丝绸之路"。这一名词很快被学术界和大众所接受。丝绸之路拉开了中外各民族经济文化交流与交融的序幕。

✕ 西方艺术家创作的孔子木刻像,出版于1881年。

经过中国历朝历代的苦心经营,丝绸之路开辟了陆路和海上多条路线,将各民族、各地区联系在了一起,为中西方文明互相了解、互通有无、互相借鉴提供了历史大舞台,促进了中外文化的发展和进步。

秦汉时期,通过陆路与海上"丝绸之路",中国的丝织品传至西亚和欧洲,以佛教为代表的外来文化也开始传入中国。但在中世纪以前,中国对西方不甚了解,西方对中国这个文明古国也知之甚少。直到13世纪,意大利人马可·波罗在他的游记中正式向西方介绍了中国。

随着新航路的开辟和新大陆的发现，16-18世纪是中国和西方进行全面经济和文化交流的重要阶段。这一时期，真正意义上的东西方文化双向交流特征凸显出来。近代西方文化，尤其是近代科学技术传入中国，开阔了中国人的视野。中国的儒家文化也随着传教士和旅行家的介绍传入西方。

传教士，中西方交流的桥梁

传教士作为中西方文化交流的传播者和桥梁，一方面将西方的科学技术和思想文化传入中国，另一方面又将中国的文化思想、政治制度介绍到欧洲。

意大利人利玛窦（1552-1610年）对儒学传入西方起到了巨大作用。1582年，天主教耶稣会传教士利玛窦被派往中国传教，成为天主教在中国传教的最早传教士之一。1601年，利玛窦应明朝万历皇帝的诏令来到北京，直到1610年在北京逝世。利玛窦在中国传教28年，花费了巨大精力研读儒家经典。明代儒学家李贽（1527-1602年）说利玛窦："凡我国书籍无不读……请明于四书性理学者解其大义，又请明于六经疏义者通其解说，今尽能言我此间之言，作此间之文字，行此间之礼仪"，是一个"中极玲珑，外极朴实"之人。

利玛窦企图从这些经典中寻找"儒耶对话"的切入点，探讨用儒家思想论证基督教教义的可能性。利玛窦推崇孔子，认为："中国哲学家中最有名的是孔子。他既以著作和授徒，又以自己的身教来激励人民追求道德。他的自制力和有节制的生活方式，使他的同胞断言他远比世界各国过去所

× 利玛窦画像

有被认为是德高望重的人更为神圣",孔子是中国的圣哲之师。他还赞赏儒家经典"四书""五经",认为这些经典是为着国家未来的美好和发展而集道德教诫之大成。1598年,利玛窦与人合作,完成了用拉丁文注释"四书"的工作,以帮助在华的传教士学习中文和了解中国文化。

公认的最早用欧洲语言翻译儒家经典的是罗明坚。1591-1593年,罗明坚用拉丁文翻译了《大学》《中庸》《论语》《孟子》等。这些手稿现藏于意大利国家图书馆,是目前已知最早的儒家经典的欧洲语言译本,开东学西进之先河。

17世纪中期,在华的西方传教士进一步把中国儒家的伦理道德和哲学思想介绍给西方国家。如意大利耶稣会士殷铎泽（1625-1696年）和葡萄牙耶稣会士郭纳爵（1603-1666年）合作，把《大学》译成拉丁文，书名为《中国之智慧》，清康熙元年(1662年)刻于建昌。殷铎泽翻译《中庸》，书名为《中国政治道德学》，清康熙六年(1667年)于广州刻印。

这些儒家经典和有关中国的历史著作西传后，对当时欧洲的上层社会和知识界产生了深远的影响，在西方引发了一阵中国热。法国国王路易十四敕令四位传教士翻译多种中国经典，如柏应理翻译《孟子》，雷孝思翻译《易经》，马若瑟翻译《诗经》等。

启蒙运动中的孔子

中国高度发达的文明成果，尤其是儒家的治国理念引起了启蒙思想家的强烈兴趣。启蒙思想家们从抨击法国的封建制度和政权的角度出发，对中国儒家文化加以吸收和利用，儒学思想成为启蒙运动和法国大革命的精神食粮。启蒙运动的代表人物伏尔泰、狄德罗、魁奈等都对中国儒家文化推崇备至，视中国为开明专制和理性治国的楷模。

法国启蒙思想家伏尔泰（1694-1778年）对孔子很是推崇，甚至在自家礼拜堂里挂着孔子的画像，并作诗赞美，甚至以孔子弟子自居。伏尔泰在《风俗论》中写道："东方人闪烁出智慧之光，他们用言语来描绘，虽然比喻形象往往大而无当而且互不连贯，人们也可以从中看到卓越之处，而孔子就是集大成者！"

狄德罗（1713-1784年）也盛赞孔子学说简洁，不迷恋暴力却能用仁爱

✕ 伏尔泰与友人下棋

治理天下。狄德罗认为:"中国的历史十分悠久,中国人的文化、艺术、智慧、政治、哲学的趣味,无不在所有民族之上。"

在近代欧洲,以法国大革命为背景的民主理想的发展中,孔子的学说起了很重要的作用。罗伯斯庇尔在起草1793年《人权和公民权宣言》时,借鉴引用了孔子"己所不欲勿施于人"的恕道原则。他在其中写道:"自由是属于所有的人做一切不损害他人权利之事的权利;其原则为自然,其规则为正义,其保障为法律;其道德界线则在下述格言中:己所不欲,勿施于人。"

被誉为"17世纪的亚里士多德"的德国哲学家与数学家莱布尼茨(1646-1716年)也很崇拜中国儒家哲学的自然神论。他在《致德蒙先生的信:论中国哲学》中说:"这种哲学学说或自然神论是从约三千年以来建立的,并且极有权威,远在希腊人的哲学很久很久以前。"莱布尼茨在研究中发现,《易经》阴阳爻二进制与他的二元算术完全一致,据此深信中国哲学具有充足的科学根据。

法国启蒙思想家霍尔巴哈(1723-1789年)则认为:"中国是世界上唯一的将政治和伦理道德相结合的国家。这个帝国的悠久历史使一切统治者都明了,要使国家繁荣,必须仰赖道德。"

1772年,英国出版的《世界历史名人录》中,孔子名列榜首。此后,英国人在各地建立了许多孔子研究机构。在《新大不列颠百科全书》中,有关"孔子"的词条高达400余条。

19世纪开始,美国传教士来到中国后,将儒家思想传到了美国。1844年,美国学者艾默生说:"孔子是中华文化教育的中心,是哲学上的华盛顿。"这句话点燃了美国人对孔子的研究热情,美国各地相继成立了各种研究机构,致力于孔子思想与东方哲学的研究挖掘。

儒家思想展示了不同于基督教、佛教、伊斯兰教等文明的另一种文明，充满了中华民族的智慧。在传入西方后，儒学启发了西方许多思想家，很多西方学者至今仍然把孔子列为世界哲人之首。1988年，部分诺贝尔奖获得者们在巴黎集会并发表宣言，称"如果人类要在21世纪生存下去，必须回首2540年，汲取孔子的智慧"。

PART 03
四海之内皆兄弟

1933年，美国纽约庄台公司出版了《水浒传》的第一个英译本《All Men Are Brothers》，这部两卷本一千多页的巨制是由自幼在中国长大的美籍女作家赛珍珠耗时5年翻译的。她借用《论语》的"四海之内皆兄弟也"为《水浒传》的英译本命名，这句话也是《水浒传》中梁山好汉常挂在嘴边的话。5年后，赛珍珠的另一部关于中国农民与社会的小说《大地》获得诺贝尔文学奖。

四海之内皆兄弟也

"四海之内皆兄弟"这句著名的儒家经典名句来自《论语·颜渊》。

司马牛忧曰："人皆有兄弟，我独亡！"

子夏曰："商闻之矣，死生有命，富贵在天。君子敬而无失，与人恭而有礼。四海之内，皆兄弟也。君子何患乎无兄弟也？"。

✕ 1938年，美国作家赛珍珠获得诺贝尔文学奖。

孔子的学生司马牛曾忧愁地说："别人都有兄弟，唯独我没有。"

子夏劝慰：我听说过"死生由命决定，富贵在于天的安排。"君子认真谨慎地做事，不出差错，对人恭敬而有礼貌，四海之内的人，就都是兄弟，君子何必担忧没有兄弟呢？

"四海之内皆兄弟也"这句话是儒家文化中的仁爱思想的集中体现，拓展了"兄弟"的内涵和外延，突破了一家一族、一宗一姓的狭隘视野，包含了"天下一家，人人都为兄弟，应当互爱互助"的思想。

孔子虽然主张维护以宗法等级制度为基础的礼制，提倡有差别的爱，但是他教育学生：视人犹己，推己及人，并且视天下为一家，力图在人世间建立一种和谐温馨的家庭关系。正是在这种思想的基础上才产生了"四海之内，皆兄弟也"的理想。

"协和万邦""四海之内皆兄弟""远亲不如近邻"都在儒家文化中有很深的渊源，同时也是中国处理国与国之间关系时所奉行的一贯行为准则。中国自古以来就主张不仅要友爱睦邻，还要"泛爱众"。源于拉丁语"frater"（兄弟）一词的英语"fraternity"或法语"fraternité"说的是"将人类大家庭的所有成员结合在一起的普遍之爱"，是法兰西共和国《人权宣言》的三大原则之一。在中文中它有一个更广为人知的翻译：博爱。这是欧洲版的"四海之内皆兄弟"。由此可见，"四海之内皆兄弟"是一条人类共识。

世界各国，守望相助

当今世界各国正以前所未有的方式紧密联系在一起，各国处于你中有我、我中有你的共生状态之中。在这样一个相互依存的世界中，面临着越来越多的共同利益挑战：如不断蔓延恐怖活动，突如其来的自然灾害，日渐增加的难民人数等。近年来，印尼海啸、海地大地震、非洲埃博拉疫情、移民问题等都需要各国互相扶持，攻克难关。

孟子曾经说过："乡田同井，出入相友，守望相助，疾病相扶持。"作为一个深受儒家文化影响的最大的发展中国家，中国秉承这一优良传统，与世界各国人们同舟共济、守望相助。

多年来，中国在致力于自身发展的同时，始终坚持向经济困难的其他发展中国家提供不附加任何政治条件的援助，支持和帮助广大发展中国家特别是最不发达国家消除贫困。至2021年，"中国已向160多个发展中国家提供各类援助，实施了数千个成套和物资援助项目，开展了上万个技术合作和人力资源开发合作项目，培训各类人员40多万人次"。

2015年，中国宣布设立南南合作援助基金，在亚洲、非洲、美洲等地区的30多个国家开展有关救灾、卫生、妇幼、难民、环保等领域的发展合作项目。

2020年年初爆发的新冠肺炎疫情是近百年来对世界威胁最大的一次流行性病毒疫情，也是对国际合作的一次重大考验。

在中国疫情严峻时刻，一衣带水的日本伸出援手，向中国捐赠了大量口罩、防护服等医疗物资，随同而来的还有感动中国人的美好祝愿："山川异域，风月同天"，"辽河雪融，富山花开；同气连枝，共盼春来"。韩国总统文在寅表示，中国的困难就是我们的困难，韩国将不遗余力地提供支援和配合。巴基斯坦倾尽全力，援助中国30万个口罩、800套防护服、6800副手套。中国疫情爆发后不久，伊朗是首批声援中国抗击疫情的国家，慷慨地捐赠了N95口罩等卫生和医疗用品。伊朗驻华大使馆在官方微博上为中国加油打气，伊朗标志性建筑为中国亮灯。俄罗斯派出载有人道主义救援物资的运输飞机送往中国。此外，泰国、马来西亚、印度尼西亚、哈萨克斯坦、德国、英国、法国、意大利、匈牙利、土耳其、阿联酋、阿尔及利亚、埃及、澳大利亚、新西兰、美国等国家政府相继加入援助中国的行列。

"投我以木桃，报之以琼瑶。"面对疫情在全球的肆虐，中国在做好自身防控的同时，也向世界伸出援手，积极帮助疫情严重国家和地区，向世界卫生组织捐款2000万美元。得知日本新冠病毒核酸检测试剂不足时，中国紧急无偿捐赠一批检测试剂盒，以及5000件防护服、10万只口罩。

与此同时，中国民间力量也在行动，马云公益基金会和阿里巴巴公益基金会捐赠100万只口罩抵达日本东京，装有防疫物资的纸箱上还贴着"青山一道，同担风雨"的字样。伊朗疫情加剧后，中国驻伊朗大使馆第一时间向伊朗捐赠25万只口罩和5000份核酸检测试剂盒，物资上写着古代波斯著名诗人萨迪的名句："亚当子孙皆兄弟，兄弟犹如手足亲"。

面临此次疫情，世界各国人民守望相助，秉承人类命运共同体的理念，彰显了危难中四海之内皆兄弟的无私情怀。

维和行动，真情播撒友谊

自1971年中国恢复在联合国合法席位以来，逐步参与联合国维和行动，无论是在战火纷飞的马里、冲突不断的南苏丹，还是在病毒肆虐的刚果（金）、利比亚，处处都活跃着中国维和官兵的身影。中国履行大国担当，坚定支持联合国和平事业，为世界和平作出了重大贡献。

在黎巴嫩日不肯村，中国第九批赴黎维和工兵营连续奋战半个月，把一条坑坑洼洼、极难通行的道路夯实填平，为村民运输作物和孩子上学提供了便利；在刚果（金），维和医疗分队与驻地SOS国际儿童村结成对子，每一批维和官兵交接任务时，都要到儿童村交接爱心接力棒；在利比亚，中国维和部队工兵分队在埃博拉疫情最严重期间，坚守岗位不撤退，连续施工28天，建立了利比亚首个外国援建的埃博拉诊疗中心。

目前，中国已经成为联合国五个常任理事国中派出维和部队最多的国家，先后参加了30项联合国维和行动，被国际社会誉为"维和行动的关键因素和关键力量"。中国维和军人用真情实意和实际行动温暖了当地民众的心，向世界展示了中国人民"四海之内皆兄弟"的大爱和胸怀。

当今世界，由于历史和社会发展的不同等各种各样的原因，不同的国家和民族之间依然存在着矛盾、偏见、猜疑，甚至是对抗和残酷的斗争，迫切需要放下成见，相互扶持。联合国大厅里挂着"四海之内皆兄弟"的名言，就是一种美好的期望。

PART 04
华人华侨的儒学传承

华人华侨在移居国勤勉低调,为当地的社会发展做出了极大的贡献。与此同时,他们还身体力行地传播着儒家文化,对海外的儒学文化传播起到了非常突出的作用。

未曾间断的海外移民

中国人的海外移民史最早可追溯到2000多年以前。早在秦汉时期,中国就有了通往西域的"丝绸之路",有船舶东航日本,其中有些人因为各种各样的原因留居他乡。唐宋时期,由于交通的发展、对外贸易的扩大,中国与各地区之间的经济文化交流日益增多,移居国外的人数不断增多,这些移民大多被称为"唐人"。《明史·外国真腊传》中记载:"唐人者,诸番呼之称也。凡海外诸国尽然。"后来,移居海外者也都自称为"唐人"。这也是后来海外众多"唐人街"的由来。

华人被赞美最勤劳、能干和富有创造力,这些优良品质正是中华优秀

伦敦唐人街

传统文化长期熏陶的结果,与儒学息息相关。

新加坡前总理李光耀曾在新加坡召开的世界首届华商大会开幕式上说:"世界各地华人成功的主要因素是节俭、刻苦耐劳、重视教育、社群的信任和互相扶助,简单来说,就是中华文化的核心价值观。"李光耀所说的中国文化的核心价值观正是儒家伦理思想的体现。

几百年来,华人虽然身在异国他乡,但从未忘记自己的祖先和自己的祖国,他们都期望有朝一日光宗耀祖,报效祖国。正是儒家所倡导的敬祖爱国,成为海外华人们不畏险阻,艰苦创业的力量源泉。

被毛泽东誉为"华侨旗帜,民族光辉"的陈嘉庚(1874–1961年),17岁念完私塾就前往新加坡谋生,发迹南洋后,开始资助革命党人,支援祖国的抗日战争,并热心教育,相继创办了集美小学、集美中学、集美大学和厦门大学。陈嘉庚一生为辛亥革命、民族教育、抗日战争、解放战争、新中国的建设作出了不朽贡献。

中国人常说:"一年之计,莫如树谷;十年之计,莫如树木;终身之计,莫如树人。"教育永远是一件大事情,不仅关乎过去、现在,而且关乎未来;不仅关乎个体成长,而且关乎社会进步和国家强大。

孔子打破了学在官府的藩篱,为平民子弟争取到了受教育的权利。孟子把教育视为君子"三乐"之一。(孟子曰:"君子有三乐,而王天下不与存焉。父母俱存,兄弟无故,一乐也;仰不愧于天,俯不怍于人,二乐也;得天下英才而教育之,三乐也。")孔子"弟子三千,贤人七十二";孟子是后车数十乘,从者数百人,以传食于诸侯。

儒家丰富的教育理念,以及对教育的高度重视对于中华民族及其文化发展产生了重大而深远的影响,也对海外华人产生了深远影响。诺贝尔物理学奖获得者杨振宁,是最早的华人诺贝尔奖得主之一。虽然在国外生活多年,但杨振宁依然对中华文化、对儒家文化满怀敬意。1993年,他在香港大学做演讲时说:"儒家文化注重忠诚,注重家庭人伦关系,注重个人勤奋和忍耐,重视子女教育。这些文化特征曾经,而且将继续培养出一代又一代勤奋而有纪律的青年。"

海外华人继承了中华民族吃苦耐劳、聪明能干、谦虚有礼等优良传统,勇于创造,出现了许多名人巨匠。海外华人的卓越表现,又反过来印证了儒家思想的价值,使儒家思想愈发魅力四射。

异国他乡的文化传承

海外华人作为传播中国文化的重要载体，他们的饮食、服饰、言谈举止、气质修养、生活习惯都成为外界感知中国和中华文化的渠道。尤其是改革开放以后走出国门的1000万"新移民"，他们中很多人在中国受过良好教育，出国后与祖国联系紧密，对中华民族有强烈的认同感，相较于老一代移民具有更强的跨文化沟通和交际能力。

对于海外华人来说，中餐馆是很多人赖以生存、发展的支柱。鱼香肉丝、宫爆鸡丁、北京烤鸭等中国菜名扬海外，是外国人感知中国文化最直接的渠道之一。历史上以丝绸为代表的中国传统服饰一直在海外有着巨大的影响力。现如今，世界几大时装周中越来越多地出现中国元素，可见中华传统服饰文化正越来越走向世界舞台。华人华侨通过传播以餐饮、服饰为代表的中国传统商业文化，展示了中国人吃苦耐劳、诚实内敛、注重家庭等品质，从而很好地展示了中国的形象。

中国传统建筑文化在海外主要体现在各国各地的唐人街建筑。一般唐人街的建筑都会很好地体现中式建筑既注重实用、坚固耐用，又精工细琢、巧夺天工的特点。此外，华人宗教和会馆建筑更凸显着东方建筑特色。

近年来，在华人华侨的推动下，中医也开始得到国际医学界的接受和重视。在日本、韩国，针灸甚至成为重要的医学研究领域；在南美，中医馆也成为当地群众重要的医疗选择。2016年的里约奥运会上，美国"飞鱼"菲尔普斯身上的拔罐红印备受关注，"飞鱼"偏爱中国拔火罐一时成为中西方媒体的热门话题。不只是菲尔普斯，包括美国前游泳冠军考夫林、影后格温妮丝在内的明星和运动员纷纷在社交媒体上晒自己拔罐的照片，对这

× 日本神户海外华人过春节

种来自中国的治疗手法赞不绝口。

在中华民族传统节日里有丰富的民俗内容,如春节全家人聚在一起包饺子、吃饺子,元宵节吃元宵、吃汤圆,端午节吃粽子,中秋节吃月饼,通过这些以饮食文化为主的民俗文化活动以及街头舞龙、闹花灯等节日活动,使民族文化得以继承和延续。华人华侨年复一年的中华文化活动,也为世界了解中国文化打开了一扇窗。

受儒学文化的影响,中国人非常讲究家庭维系和伦理秩序,华人家庭虽然身在海外,但依然保持着聚族而居的传统,几代人生活在一起。华人社团通过组织举办丰富多彩的中国文化节、各种音乐会等活动,使得中国武术、美食、中医药等中华文化越来越深入人心。

中国政府还成立了"华文教育基金会",以更好地助力海外华文教育。

✕ 印尼棉兰，印度尼西亚华人中元节祭奠祖先。

孔子学院更是成为各国学习汉语言文化、了解当代中国的重要场所。

随着海外留学生人数的逐年增加，越来越多的海外人士开始了解中国文化，认识中国儒学文化。

新加坡副总理吴庆瑞曾说过："华人很早以来就开始向海外移居，他们把孔子学说及儒家思想所发展出来的精神，带到所移居的社会。华人的勤奋、节俭、讲求信用，对法律的尊重，对社会的关怀，对家庭的爱护，以及对子女教育的重视，使他们不但在海外打开新的世界，同时也保持了祖先所遗留下来的美德和传统。总之，移居海外的华人能够有今天，能够为他们的后代创下繁荣、文明的社会，同孔子及儒家的潜移默化地影响有密切的关系。"